JN169875

冷蔵庫から始める残さない暮らし

よりスリムに心豊かな生活へ

中野佐和子

青春出版社

プロローグ

最近、冷蔵庫が空いています。


冷蔵庫。

学校から帰ってきた時、勉強に飽きた時、子どもは必ずと言うくらいここを覗《のぞ》き込みます。

実は私も仕事で疲れた時、暇な時、なぜか覗き込んでしまいます。

家族みんなが一日に何度も覗く、不思議な魅力に溢《あふ》れた冷蔵庫ですが、人様の冷蔵庫の中を目にする機会はほとんどないのではないでしょうか？

人様の冷蔵庫って、「断りなく見てはいけない物」って感じがありますよね。

こちらもふいに誰かが我が家の冷蔵庫を開けることがあれば、

「えっ！　ちょっと待って」と言いそうになりませんか？

あれはどうしてなんでしょう？

なんだか生活のプライベートな部分が突然覗かれるような、そんな緊張感が漂います。

それはきっと、

「どんなものを食べているのか、どんな料理をしているのか、どんなものを飲んでいるのか」

「きちんと食事作りをしているのか、片づけられる人なのか」

ということまでを、一瞬にして暴露されてしまうような、持ち主の生活が鏡のように映されているような気がする場所だからに違いありません。

私は料理の仕事をしています。スタジオなどを構えているわけではなく、自宅の台所が仕事場で、自宅の食卓が料理教室のテーブルであり、撮影台でもあります。

そんな我が家の冷蔵庫も、中を見た人は家族以外にはアシスタントさんくらいでした。

ところが先日、打ち合わせにいらしていた編集者の方3人が、たまたま我が家の冷蔵庫の中を目にして、

「え〜〜!! 何にも入っていない! 料理研究家の冷蔵庫とは思えない! なぜ? なぜこんなに何もなくて暮らせるのですか?」

と口々に仰《おっしゃ》るのです。

そう言われてみると確かに、仕事のからまない普段の我が家の冷蔵庫は、最近いつ開けてもから〜〜んとしています。

言われてみれば、私も最近感じていました。時々思っているような気がします。

「何だか空いてるな〜〜」って。

もし、私の冷蔵庫が私の生活の「今」を映しているとするなら、それはどんな暮らしなのかと、これをきっかけに改めて考えてしまいました。

我が家の冷蔵庫に何も入っていないように見えるのは、私が50代半ばも過ぎて「シニア」と呼ばれる夫婦二人暮らしの年代に入ってきたからかもしれません。

あるいは、「家族の数」の問題だけではなく、年を取るにつれ嗜好《しこう》も変わり、そして食事作りは少しベテランになり、健康上、気になることも加わってきて、食生活が自然と見直され、無駄なものをそぎ落とすようになってきたからかもしれません。そして、子育てに取られていた時間をほんの少し、無駄のない生活の工夫にまわしているからかもしれないと思いました。

このことが頭に残った私は、料理教室の生徒さんや友人、旧知の編集者さんとの会話の折に、冷蔵庫ネタを持ち出してみました。そうしましたら、想像以上に、皆さんが片づかない冷蔵庫、奥で眠っていて腐ってしまう物たち、溢れる使いきれない調味料などに、見てみないふりをしつつ、実はとってもストレスを感じていらっしゃることがわかりました。

何人かの方々には実際に我が家の冷蔵庫を公開したところ、とても驚かれてしまい、そのことにこちらが驚いてしまいました。

そこから、私の暮らしと冷蔵庫にまつわる話をひも解いてみませんか、そしてさらに生活全体を俯瞰《ふかん》してみませんか、というお話になりました。

冷蔵庫から始める
残さない暮らし

目次

第2章

シニアの暮らしに寄り添う料理の話

第3章

調理道具と食器を見直してみませんか?

第4章

「食」の時間を豊かにする

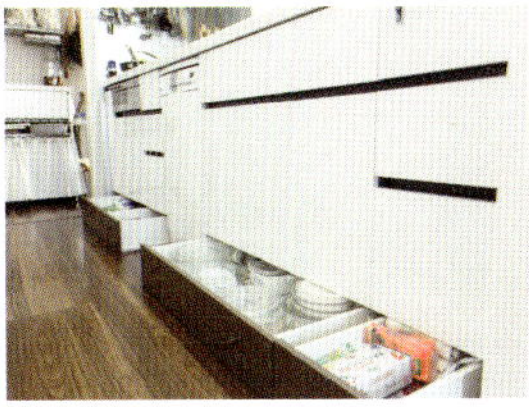

第5章

暮らしが変わる「残さない」&「収納」のヒント

「すっきりとしていること」から
生まれるゆとり。

おいしそうな匂い、彩り。

広がる旨みの中のしあわせ。

からだで感じる
お日さまの恵み、
風のそよぎ、
緑の香り、
虫の声……。

そして……
受け継いできた思いを大切に、
季節を感じて。

第1章

奥まで見渡せる「冷蔵庫」の秘密

冷蔵室の話

残り物はまた残る、の法則

冷蔵庫には何が入っているのか？

そのことを考えると、まず思い浮かぶのは「残り物」ではありませんか？

結婚したばかりの頃。毎日一生懸命朝ごはんを作り、夫と自分のお弁当も作り、お夕食を作っていました。

独身の頃はほとんど料理をしておりませんでしたから、毎日勤め先でお昼休みに料理の本を見て作るものを決め、帰りにお買い物をして帰って作る、という生活をしていました。

最近は料理本のレシピ分量は2人分が主流ですが、当時は4人分が主流でした。そのことはわかっていましたが、量の感覚があまりなくて、毎日必ず残り物が出ました。

それは冷蔵庫に入れて翌日また出す。疑いもなくそうしていました。

ところがすぐに気がついたことは、「残り物はまた残る」ということです。

今日の夕食が残り物だけというわけにはいきませんから、その日のおかずを作ります。そうすると残り物にはあまり手が伸びず、結局今日の残り物と一緒にまた冷蔵庫に入れる。そして3〜4日経ってしまったものから捨てる。

そのことに気づいてから作る量を気をつけるようになりました。レシピ分量の「何人分」かには左右されずに内容を見て、やや少なめに今晩食べきれる量を作るよう心がけ、そして、明日のお弁当に入れるという明確な目的のもとにあるものはお弁当に入れる量だけ増やして作るようになりました。


大好きなケーキやチョコは冷蔵庫に入れても絶対に忘れてしまうことはないけれど、お昼のおかずにいいなと思っていた、昨晩のおかずの残りって忘れてしまいませんか？

夫の転勤で結婚後2年も経たないうちに浜松に引っ越し、勤めを辞めた私は、午前中にスーパーなどに行くと、ついつい目についたサンドイッチや冷やし中華（夏にはとっても魅力的）などを買ってしまいます。帰ってきて冷蔵庫を開けて、「しまった！　そうだった！　残り物とご飯でよかったのに……」と思うことがしばしばありました。

結局残り物を冷蔵庫に入れるのは、捨てる〝時〟を延ばしているだけになりがちなのです。ですから最初から残らないように、「作りすぎない」ことが肝要です。

さらに言うなら、炒め物、ドレッシングをかけてしまったサラダ、塩焼きの魚などは冷蔵庫に入れてしまうと「……」となってしまいます。一方、カレーやシチュー、お煮しめや麻婆豆腐などは料理として劣化しないし温め直しもききます。そのあたりもよく考えて作る量を加減しましょう。

そして明日のお昼にいいなと思う残り物があったなら、お皿にラップをかけた状態で冷蔵庫の目につくところに入れます。保存容器などに入れて端のほうに入れたら百年目。私は必ず忘れてしまいます。

外食がしんどい!?

話はそれますが、新婚当初、一生懸命食事作りをしていると、つくづく嫌になってきてしまうことがあり、そんなときは夫に「外食しない？」と言いました。私の夫はとても食べることが好きで、外食も大好きでしたから、そう声を掛ければ必ず外食してくれました。で、それが2日、3日と続くと、「ごはん作るのが嫌になったの？」と食事をしながら夫がさりげなく聞いてきます。夫がそう聞いてくる頃にはまた作る意欲が戻っていました。

食事作りを「ネバならぬ」と追い詰められない環境だったのは、とてもラッキーでした。おかげですっかり嫌になるということがなく、外でいただいたものの中には、どうやって作るのだろう？　とか、何が入っているのだろう？　と思うものもあり、逆に料理というものへの関心が高まったように思います。

ところが恐ろしいことに、あんなにラクで楽しかった「外食」が最近はしんどいのです。

料理研究家と呼ばれるようになった今でも、もちろん毎日の食事作りにはうんざりする日があります。仕事と生活は別です。で、新婚時代と変わらず「外食」と相成るわけですが……。

着替えて、出かけていって、注文して出てくるのを待って、食事して、会計して帰ってくる……。すごく時間がかかって疲れてしまうのです。さらに、それがあまり美味しくなかったりすると、猛然と時間とお金を無駄にしたような気がして、「家でお茶漬けをいただいたほうがよかった」などとがっかりしてしまいます。

そんな訳で最近は、日々の食事作りにうんざりした時は、美味しいお惣菜を買うのがお気に入りです。肉や魚を焼くといったことは簡単ですから、サイドメニューを1〜2品助けてもらいます。ご飯を炊くのが面倒な日はチルドのご飯パックを使います。フリーズドライのお味噌汁も便利ですよね。

市販のドレッシング、最後まで使えますか？

話を冷蔵庫に戻したいと思います。

我が家の冷蔵庫をご覧になった方がまず仰ったことの一つが「市販のドレッシングが入っていない」ということでした。

私も以前はドレッシングというものを買っていました。

子どもが幼稚園の頃（ですから今から25年位前）に住んでおりました、目黒駅近く、上大崎のマンションの前に気軽なイタリアンのお店ができました。

そこでいただいたサラダのドレッシングがとてもおいしくて、「何が入っているのですか？」と聞きましたら、「梅です」と。へぇ〜〜〜なんて思っているうち、なんといっても家のすぐ前ですからわかってしまったのです。「ピエトロ」というブランドの市販のドレッシングだということが……。

そこで探してみますと、いわゆるちょっと高級なスーパーにあって、なんだかとてもスペシャルな感じに思えて、それを買いました。それが、私が憶えているというか意識した市販のドレッシングの始まりです。

それまでどうしていたのかはあまり記憶がありません。ただ、夫の行きつけだった焼き鳥屋さんの奥様に教えてもらった、胡麻油と酢と醤油を混ぜたもので、きゅうりとわかめと大葉の千切りを和えたサラダをよく作っていたのを覚えています。今から思うと、私にとっては、あれが手作りドレッシングの第一号サラダだったようです。あとはマヨネーズでも使っていたのでしょうか？　昭和だった私の子ども時代は、千切りのキャベツにソースをかけていただいていた記憶はしっかりあるのですが……。

とにかくそれ以降、いろいろなドレッシングを買ってみましたが、必ずと言っていいほど最後まで使わない。だいたい半分くらい使う頃にはいささか古くなった気がして捨ててしまうのです。さらに、胡麻風味、玉ねぎすりおろし、などといろいろ買うけれど、どれも途中で捨てる。ひどい時は2〜3種類、同時に捨ててしまう。

皆さんはそんなことはありませんか？

実はこの話は、料理教室の生徒さんや友人と冷蔵庫ネタの話をした時に最も盛り上がったテーマの一つでした。あまりにも皆さんが「今現在のこと」として共感してくださるので、またまたこちらがびっくり！　でした。

で、私の場合は、そういうことをしばらく続けているうちに、ドレッシングの基本は油と酢と塩と胡椒であること。それらを混ぜ合わせることで、いとも簡単に作れることがわかってきて、手作りへと移行していきました。

そのベースに大葉やみょうがの千切り、にんにくや生姜のすりおろしなどの香味を加えたり、醤油やナムプラーなどで風味を加えたりすれば、和風・中華風・エスニックと思いのままに作れること。さらには油や酢の種類を変えるとまたまた変幻自在！

みたいなことがわかってきますと、もはや市販のドレッシングを買うということはすっかりなくなりました。

最近では、混ぜ合わせる工程を省いて、グリーンサラダなら好みの油をさっと回しかけ、レモン汁を少々振りかけ、塩を振り胡椒を振って終了です。で、ちょっと粉チーズなど振りかけておきます。

ペットボトル、ジャム、瓶詰は買いません

きっとよそ様の冷蔵庫にあって、我が家の冷蔵庫にないものに、ペットボトルや紙パックの飲み物があると思います。

私は昔からジュースというものを買いません。甘い飲み物はそんなに飲みたいと思わないからです。でも時々、夫や子どもが「ジュースが飲みたい！」という時があり、そうなのかとパックのオレンジジュースやグレープフルーツジュースを買うのですが、これもだいたいいつも残ったものを捨てる羽目になりました。

ですから、レモンとはちみつとか、あるいは梅酒を作る時に梅ジュースも作ってお

くとか、そういう形で、時々「甘い飲み物がないか」と騒ぎ出す夫や子どもに対応するようになりました。

そうそう、最近の夏の我が家のブームは、ベランダからミントを摘んできて、シロップ（砂糖と少量の水で電子レンジで作る）とライムのしぼり汁を加えて炭酸水を注いだものです。

それから麦茶などのペットボトルも買いません。お出かけの時には便利ですが、家では買って来るのも重いし、「高くつく」感じであるのと、ごみがかさ高くなるので、水出しパックで麦茶を作っています。麦茶に限らず最近は、ジャスミン茶やウーロン茶も同じような水出しパックがありますね。

市販のジャムも買いません。これも子どもも母もいた時代から、最後まで使いきったことがありませんでした。ですから買わなくなりました。でもこれもジュースと同じで、時々欲しくなりますよね。特に我が家は朝食がパンなので。

そういう時は「おひとりさまのジャム」をその場で作ります。手元にある何でもいいのです。果物を少し電子レンジで煮て、そこに砂糖を加えてかき回す。いとも手軽に少量のジャムができます。それからやはりはちみつ。はちみつとシナモンパウダーなど。はちみつも切らしていれば、バターを塗ったトーストの上に砂糖をパラパラ振りかけてシナモンパウダー。それで私は十分満足です。

市販のお漬物、瓶詰の鮭フレークなど常備菜的なものも、半分くらいいただくのが精いっぱいで、古くなった気がして捨ててしまうので買いません。

お漬物は、かぶやきゅうりにみょうがや大葉や生姜を入れて塩で押したものを、いただく分だけ作ります。新生姜の季節には醤油に漬けます。必ず少しだけです。2〜3日で食べきれる分量にしています。まとめて作ろうとたくさん作ると、自分で作ったものであっても捨てる羽目になることがあるので。

塩サケ1切れに、酒を大さじ1くらい振りかけて、電子レンジでチンしてほぐすと鮭フレークができます。それにレモンの皮のすりおろしだったり、黒胡椒だったり、あるいはゆず胡椒だったりを混ぜ込むと、なかなかイケるフレークが出来上がります。1切れ分なら食べきれます。

「介護と子育て」から「夫婦ふたり暮らし」へ

また話が少しそれますが、夫の両親と私の父は、私が40歳になるまでに皆他界し、それ以降は私の母と同居しておりました。

私が50代にさしかかろうという時、同居していた母の認知症がかなり進行してきました。介護というほどのことはしていなかったつもりの私は、周囲の「そろそろ施設に入ってもらうことも考えたほうがいいのでは？」という声に耳を傾けずにいました。

結果、共倒れとなり、私は入院し、母は施設へ。

しばらくして、今度は子どもが社会人となり、巣立っていきました。

我が家にも夫婦二人の暮らしが訪れたのです。

そして、その暮らしは想像していたよりも寂しくないものでした。

子どもが巣立っていったらもっと寂しくなるかと思っていた私は、そのことに結構驚きました。全然寂しくないし、どちらかと言えばとってもラクになったのです。

あんなに子どものことが気になったのは、目の前にいたからだと初めて知りました。

夜中にトイレに立つと、子ども部屋の電気が煌々《こうこう》とついています。部屋を覗くと、遅く帰ってきてお風呂に入ろうと思ったのか、裸になったままベッドに行き倒れていたり……。

「帰ってきたんだなあ～。お風呂に入っているんだなあ～」と、なんとなく思いながら寝ています。うとうとしながらふっと、「お風呂から何の物音もしない！　酔っぱらっておぼれている？」と心配になってお風呂場を覗きに行きます。すると半身浴でマンガを読みふけっていたり……。

「夜中に何をしてるの！　風邪をひくわよ！　早く出て寝なさい」

「ほっといてくれ。リラックスしているんだ」

朝になって、よく寝ているので起こさないでいると、あたふたと部屋から出てきて「遅刻だ！」と叫びながら水一杯飲まずに出ていったり……。

顔を見れば、

「早く寝なさい、ちゃんと食べなさい」

と叫んでいたのは見えていたからでした。目の前から消えると「今、何をしているのだろう？　ちゃんと食べてるかな？　ちゃんと寝てるかな？」なんてこれっぽっちも思わないし、だいたい子どもの存在を忘れているのです。

なんてラク！

でも結局これは、こちらが年を取ってきている証拠なのかなとも思います。もう「子どもの世話をする」体力がなくなりつつある年代なんだと、つくづく思います。

冷蔵庫から次々と消えていく調味料たち

話を冷蔵庫に戻そうと思います。

先ほど我が家の冷蔵庫を改めて見回して、昔あったのに今ないものを考えていると、ありました！「焼き肉のたれ」です。

牛の薄切りを買ってきて市販の焼き肉のたれを使って炒めると、子どもや夫が「おいしい」と面白いほどよく食べてくれたし、私も大好きでした。肉に限らず、じゃがいもなどもこれで味付けしたりしていました。

これが消えてしまったのはいつ頃だったでしょうか？　子どもが高校生くらいまで

はあったと思うので、私が40代半ばを迎える頃から消えていった気がします。

この頃からいささかその人工的な味付け（？）みたいなものが鼻につくようになり、塩、胡椒で炒めたもので十分だと思うようになった気がします。

要するに加齢による味覚の変化だったのでしょうか？


そういえば、とても愛用していた液体かつおだしがありました。

新婚時代に住んでいたマンションの大家さんが教えてくれたもので、業務用で、1リットルのペットボトルを6本まとめてとらないと、酒屋さんがとってくれませんでした。そこで、友達や親せきとシェアして結構長い間愛用しました。料理教室を始めた時も生徒さんと一緒にとっていました。

「これで作るとちょっと自分の腕が上がったような気がします」

とよく喜ばれました。これは開栓すると冷蔵保存でしたから、いつも冷蔵庫にありました。

これも、いつの頃からか我が家の冷蔵庫から消えていますね。

先ほども書きましたが、母の介護でダウンして入院した後のことです。まだ、体も本調子ではなく、口がまずい感じでした。とにかく美味しい和食がいただきたくて、ちょっと高級な和食屋さんに行き、単品のおひたしを頼みました。湯がいた青菜をだし洗いして、絞って器に盛って、そこに味付けしただしを少しかけました……という風情のものです。

そのおひたしのなんと美味しかったこと！　まだげんなりとしている体にしみじみと染み渡るような気がしました。

その少し前、入院する前に、中目黒に住んでいるお友達が「最近よい店ができた」というので、そのお店に行った時のことです。

いわゆるカウンター席の和食屋さんで、その頃の中目黒らしく、若いお兄さんたちが頑張って立ち上げた様子でした。そのお店でつき出しとしておひたしが出ました。いただいた瞬間、その人工的なおだしの味にげんなりしたばかりでした。

その頃からでしょうか。我が家からあの液体かつおだしが消えていったのは……。

この頃から私は本物のだしのもつ偉大な美味しさと、体へのやさしさを感じるようになりました。

料理の仕事をしておりましたが、はっきり言ってそんなにわかっていませんでした。年を重ねてある程度舌が肥えたからというより、体が敏感になってきたということなのだと思います。

こんな風に我が家の冷蔵庫から次々と市販のめんつゆ、市販のポン酢も消えていきました。

市販の調味料でいうなら、買っても絶対に使いきれないものの一つに練り胡麻がありました。

胡麻和えを作ったり、ちょっとした胡麻だれを作ったりしようと買うのですが、開栓すると冷蔵庫に入れるし、入れると油分と胡麻が分かれて固まり、かき回してとろとろの状態に戻すのに一苦労だし、すぐにあることを忘れてしまう……(最近チューブ入りのものを見かけ、これはよいかも！ と思いました)。

だけれど、胡麻を煎って擦って使うのも大変すぎて嫌でした。

これは、市販のすり胡麻を擦って使うようになってから解決しました。

いわゆる胡麻から擦るのに比べると格段にラクだし、自分で擦った胡麻のおいしいこと！　擦らずにはおれない感じです。で、面倒な時はすり胡麻のまま使ってしまって事足りる。すり胡麻は使いきれます。

さらには中華の調味料。

豆板醤、豆鼓醤、牡蠣油……これらはさすがに手作り代用品は無理で、やはり買いますね（甜麺醤《てんめんじゃん》だけは八丁味噌＋砂糖で代用する時もありますが）。でも残りますね。

でもそこは目をつぶって買いますね。

もう少し小さな瓶で売ってくださるといいのですが……。

おまけの話　残りがちなものを使いきる小さなレシピ3種

使いたくて買ったけれど残りがちなものを使いきってしまうのに役立つ小さなレシピです。

1 ◆ ケイパークリームチーズ

クリームチーズ50gとケイパー粗みじん切り大さじ1を合わせて混ぜる。

2 ◆ タプナード

黒オリーブ170g、ケイパー70g、アンチョビ50g、レモン汁大さじ1をフードプロセッサーにかけてよく合わせ、オリーブ油大さじ3を少しずつ混ぜ込んでいく。

3 ◆ ハマス

ひよこ豆水煮100g、練り胡麻大さじ2、オリーブ油大さじ1、にんにく1片分、塩少々、レモン汁大さじ1、水大さじ1をフードプロセッサーに入れてペースト状にする。器に盛ってカイエンヌペッパーを天盛る。

わが家の冷蔵室（2016年2月）

我が家の冷蔵室大公開

いろいろ我が家の冷蔵庫にまつわる話を思い出しながら書いてきましたが、この辺りで今現在の我が家の冷蔵室大公開です。

◆扉のポケット

今、私の冷蔵室のポケットにあるものは――

マヨネーズ、ケチャップ、お刺身用生醤油、ウスターソース、中濃ソース、液体の白だし、練乳、ナムプラー、牡蠣油、チューブのからしとわさび、インスタントコーヒー、メープルシロップ。

牛乳、日本酒、焼酎、ワイン赤白、料理用として買っている安価なワイン赤白（前述の編集者さんが「酒ばっかり」と笑っていました）。

ガラスープの素、固形スープの素、甜麺醤、豆板醤、粉チーズ。

ケイパー、マスタード、粒マスタード、アンチョビ、ゆず胡椒、オリーブ。

◈冷蔵室正面の棚

梅干し、信州味噌、八丁味噌、白味噌。

左上バスケットの中（すり胡麻、胡麻、鷹の爪、クルミやアーモンドなどのナッツ類。乾燥サクラエビ、干しシイタケ、干し貝柱、干しエビ）。

時々手作り常備菜1〜2点（2〜3日で消費する程度の量）。

ヨーグルト、バター、卵、時々、豆腐。

時々お皿にラップをした状態の昨日の残り物（今日の私のお昼用）。

◈チルド室

生ハム、チーズ、バター、時々、納豆、時々、魚（今日食べる分）。

要するに、我が家のがらんとした冷蔵室は、

◆なるべく残り物が出ないように作る。買う。

◆便利な市販の調味料でも使いきれなかったり、簡単に代用品を作れるものはできるだけ買わない。

◆若い時は重宝したのに体が受け付けなくなって、買わなくなった、あるいは少し手間でも手作りするようになったものがある。

◆長期保存ができる純粋な食品であって、だしの出るもの（干しエビ、干ししいたけ、干し貝柱など）を使う料理になるべく転換している。

◆一度に使う量が少なくなったので、同じものでもより長期保存しやすい形であったり（例・アンチョビは缶詰ではなく瓶詰を選ぶ）、少量のパック（例・オリーブ類は大きな瓶ではなく小さなドライパックを選ぶ）を買う。

◆残ってしまうけれど簡単に代用品を作れないものは買う。（例・豆板醤、豆鼓醤、牡蠣油、XO醤、腐乳など）

といったところに生活がたどりついた結果のようです。

◇野菜室の話

ストックする野菜と使いきり野菜を区別する

まずは冷蔵庫の中心部分を見てきましたが、次は野菜室に話を移そうと思います。
野菜は保存がある程度きく根菜類と、日持ちしない葉野菜に大別されると思います。
ですから私は、じゃがいも、玉ねぎ、人参、そして香味類のにんにく、生姜、長ねぎ、レモンなどの保存ができて、さらには使う頻度の高いものは常にストックされているように心がけています。

逆に日持ちしない小松菜やほうれん草などは、2~3日に一度程度の頻度で買い足しつつ暮らしています。

多少の管理のテクニックも必要です。例えばもやしはすぐに傷むので、スーパーで、新しい荷が入ったばかりのような時に買うようにします。買ってきた次の日に残っているようであれば、電子レンジで火を通してしまいます。

小松菜なども買ってから2日経っても使わなければ、茹でて冷凍します。ブロッコリー、カリフラワーなども浅く茹でて冷凍します。

キャベツは4分の1程度のものを、白菜は、あれば最近出てきたミニ白菜を買うようにします（切ってあるものより持ちがよいので）。

かぼちゃはとにかく種とワタを抜いて保存し、これもできれば火を通して冷凍することをお勧めします。じゃがいもは比較的使ってしまう食材ですが、芽が出てきそうになったらこれも火を通し、マッシュポテトにして冷凍します。乱切りでゆでて冷凍しても、多少崩れますが家庭料理の肉じゃが程度なら全く問題なく再加熱できます。

傷んで捨てることを防ぐために野菜を冷凍するような話になっていますが、冷凍庫に下処理してある野菜が入っていると、疲れて料理が面倒な日にとても助かります。マッシュポテトがあればすぐにポテトサラダができるし、小松菜はスープならそのまま放り込むだけ。おひたしや炒め物にもすぐできるし。要するに洗って切って、という下処理の手間がないので、すごく便利です。

ですから最初に処理するときは少し面倒なのですが、「明日の私を助けてくれる」

という呪文をかけながら作業します。

葉物、豆類、アスパラなどは浅く火を通しておくようにしています。

野菜の冷凍に関しては、生でよいのか加熱してから冷凍するのがよいのか、あるいはどんな形状がよいのかなど悩むところですが、ネットで検索すればいろいろな人がいろいろなことを試していらして参考になります。

また、野菜は畑にあるのと同じ姿で保存するとよいといいますよね。

大根や人参は立って成長しているので、立てて保存するとよいとか……。でも実際問題、冷蔵庫の野菜室に野菜を立てておける空間はほとんどありません。

さらに新聞紙でくるんでおく、という話もよく語られますが、私は最近新聞をとっていないし、印刷のインクが嫌いでこれも抵抗があります。

でも、少しでもしなびないようにと考えて、紙袋を切ってバスケット代わりに使っています。少し持ちがいいような気もしています（全くエビデンスはありません。念のため）。

紙袋を使って野菜を仕分けしています

◇冷凍室の話

「消費期限を延ばす」「食品ロスをなくす」ために上手に使う

どんどんものが減っていく冷蔵室とは逆に、我が家でどんどん膨らんでいる場所が冷蔵庫にあります。

それは冷凍室。

体力もなくなってきて、暑い日も雨の日も毎日お買い物に行くのは大変です。それに加えて私は現在お買い物難民です。

私は今、原宿駅からほど近いところに住んでいます。神宮前や千駄ヶ谷の住宅地を控え、表通りをはずれれば本当に静かなよい環境です。ですが!! 生活するためのお店がありません。周りは服屋さん、帽子屋さん、靴屋さん、美容院……そしてお洒落なカフェばっかりで、スーパーや商店街など生活するためのお店がありません。

冷凍室から少し話がそれますが、我が家の最寄りのスーパーと言えるのは、青山の紀ノ国屋、ピーコック、新宿タカシマヤ。

それぞれ車ではすぐですが、歩くと遠い。開店直後の時間を外すと駐車場も待つ。ただ当日配達はあるのでそれが救い。

さらに品揃えに特徴があって、私のような仕事をしていると、紀ノ国屋にしかない物が欲しい時もあるし、紀ノ国屋にあっても買う気になれないくらい他所のスーパーより高いものは避けたいし、逆に普通のスーパーにはあって紀ノ国屋にはないものがあるって具合。そこで点在しているスーパーを巡る事態に陥ります。

また料理教室や撮影のためにイワシが必要だとします。普段どこにでも売っているような魚が、その日最初に入ったスーパーにないと2軒目も3軒目もない！　ということが起こるのです。天候などの影響で、どこの港にも水揚げがないという事態が……。

そんなこんなでいつでも、どのスーパーをどんな順番で回ろうかと考えつつ、どこに出かけても、時間があると通りすがりのスーパーに立ち寄ってしまいます。近々必要で、買っておける物を見つけたら買ってしまうという癖がついちゃってます。

ようやく最近、ぎりぎり徒歩圏内にオーケーストアができました。お値段もリーズナブルで、何より単なる安売りスーパーではなく、品揃えにポリシーがあって、とてもお気に入り。と同時に守備範囲が大変広くてほぼ何でもあるのです。ですが今度は駐車場がない。配達もない。大量に買うのは、ショッピングカートを持ち出してもしんどい。帰り道は庭石を運んでいる感覚に襲われます。

駅に近いのに、頼みの綱の「駅ビル」が原宿駅にはないのです。

話を日常生活に戻しますが、とにかく買い物事情は悪いのです。

ですから、おのずと肉類は冷凍が前提です。家庭用の冷凍室ですから、ハナから長期保存が目的ではありません。私の買い物事情には短すぎる消費期限を延ばすという意味合い。だいたい1週間分を目安に牛、豚、鶏、ラムの薄切りやひき肉や塊肉を適宜に買います。

魚は白身系と鮭は冷凍、青背の魚は冷凍しても鮮度が心配なので、その日いただく分しか買いません。

香辛料も冷凍室で保管

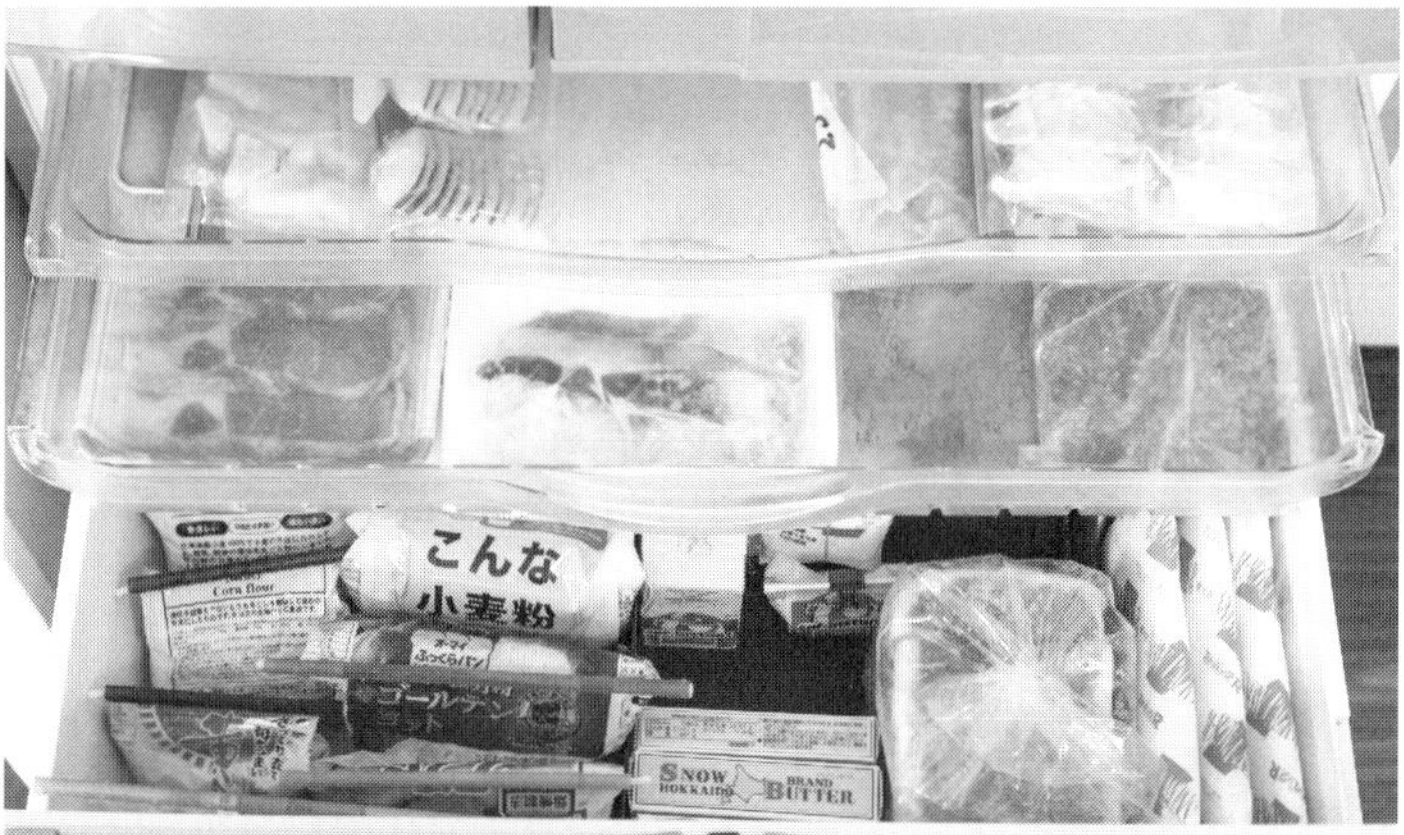

上段に下処理したもの、中段に肉・魚、
下段は粉類、パン、バター、保冷剤など

肉類はビニール袋で保存しています

私は肉類を冷凍する時は、いわゆるフリーザーバッグは使いません。だって少しもったいない気がするからです。だからと言って洗って何回も使うのも面倒です。ですからビニール袋で済ませています。私は肉類は買ったらすぐ冷凍すると決めているので、お買い物の時から工夫しています。

対面の売り場で買う時は「冷凍するので直接ビニール袋に入れてください」と言います。ひき肉は薄く広げてもらい、鶏むね肉などは1枚ずつビニール袋に入れてもらいます。

必要なら帰ってからさらに薄く広げて、適当に指先で筋を入れて4つ程度に分けやすいようにしておきます。コマ肉はビニール袋の中で4つくらいの山に分けておきます。最初だけそのまま平らに置いて冷凍し、固まってしまったら折りたたんでも大丈夫です。生姜焼き用などは、2~3枚ずつ持ち上げて、ラップを挟んで離れやすいようにしておきます。解凍する時、とても便利です。

切り身の魚は
1切れずつ間にラップを
挟んでいます

ひき肉は広げて冷凍

厚手の肉はラップを挟んで
くっつかないように

用途に応じた形に切った果物

小間切れ肉は山を分けて

塊や厚みのある肉は油を塗って冷凍すると長もちするとか言われます。要するに酸化と乾燥を防ぐために空気を遮断するということですが、1～2週間ならそんなことはしなくてもOKです。

魚は塩をあてて5分ほど置き、水分が出てきたら拭き取ってトレイに戻します。切り身と切り身の間にラップを挟み、トレイ全体をラップでくるみます。空気の層があると冷凍室を開閉するとき流れ込む暖気の影響を受けにくいと思います。

手作りでもパンは冷凍

さらにパン類は自分で焼いても冷めたらすぐ冷凍します。このほうが断然、風味が落ちません。

ネットなどで冷凍保存の仕方を検索すると、必ず二重に袋に入れて乾燥しないようにとあります。が、食パンを1枚ずつ包むなんて面倒ですからそんなことはしません。バゲットなら塊のまま入れずに切って冷凍します。1枚ずつつくるまなくても、1週間程度なら全く問題なくいただけます。

時々思い立って作るのが手打ちパスタと餃子。暇な日に作って冷凍しておくと、それを使う時、作っておいてくれた自分にホントに感謝します。埋もれることは絶対ありません。

以上、私の冷凍術は、家庭用の冷凍室を長期保存するところと考えずに、１週間（最大でも２週間です）を目途にしていることで成り立っていますので、その点はお含みおきください。

粉類、香辛料も冷凍室で保存

そして常に（長期的に）我が家の冷凍室を占拠しているものは、

◆**粉類**……パンを焼くので強力粉、最強力粉、国産小麦粉、カナダ産小麦粉、リスドオル（フランスパン用準強力粉）……と様々な粉類が。冷凍室に保存するのが、虫もつかず安心なので我が家は粉類は冷凍室です。

これには意外な効果があって、冷凍室はスカスカよりも、ある程度たくさん入っているほうが、それぞれが保冷材の役目をして、開けても温度が上がりにくいそうです。

◆**香辛料類**……仕事柄、様々なスパイスを使う機会がありますが、一度にたくさん使わないし、続けて使う機会があるとも限らない。だけれど、また使う機会が必ずあります。で、なるべく長期に保存したいので調べたところ、「光」「熱」「湿気」が大敵とのこと。そこで冷凍室が最も適していると私は考えました。ですが、取り出した時の温度差で、かえって中身に湿気を呼ぶなどと解説しているサイトもあります。まぁ、やってみましょうと始めてから、我が家ではスパイス類は冷凍室となりました。

いわゆる市販の冷凍食品は本当に一つもありません。買う習慣がないとでも言いましょうか……。

冷凍保存と解凍のコツ

冷凍室をフルに活用しているというお話を書いてきましたが、ここで冷凍保存と解凍のお話を少しまとめておこうと思います。

◈冷凍するときは

何であれ急速冷凍を心がける。

そのためにはしっかり冷まして、なるべく薄く形作ったものを、

◆凍っている保冷剤をのせて冷凍室に入れる

（私は常に冷凍室に保冷剤を入れています）

◆金属（アルミがベスト）のトレーにのせる

◆急速冷凍機能があれば使う

◆余分な水分、空気を抜く

といったことをするとよいと思います。

肉にしろ魚にしろ、解凍する時のことを考えて、薄くしたり、重なり合わないようにしておくことが重要。

なお、開閉時に流れ込む暖気を遮るために、引き出し一段ごとの全体に厚手のビニールシートをかけておくのもよい手だと思います。

◆解凍するときは

肉や魚は旨み成分が抜けないよう、冷蔵庫の中でゆっくり解凍するのが一番。ビニール袋のまま流水につけても可。

魚は最後にさっと水で洗い流すことで、冷凍室臭さや魚の臭みもとれる。

室温に置くのは加熱済みのものや、たれやソース類。

急ぐ場合は電子レンジ解凍だが、あれば一般的な解凍キー（200W）よりも低い100Wで、さらに天地を返しながら少しずつかけるのがおすすめ。

果物も冷凍で

果物は朝摂ると金と言われます。果糖が素早く吸収されて脳を立ち上げてくれるし、豊富な水分と食物繊維が排泄を促してくれるそうです。しかし傷みの早いのが頭痛の種。用途に応じた形で冷凍しておけば、氷代わりも兼ねてスムージーに入れたり、即席でジャムにしたり、そのまま加熱してスープにしたりと活用法はいろいろです。

おまけのレシピ

使うときのことを考えた冷凍で朝ごはんに重宝している果物のレシピです。

◆りんごトースト

りんご1/4個を薄切りにして少しずつ重ねながら2列にしてラップでくるみ、さらにビニール袋に入れて冷凍しておく。

りんごの薄切りはラップのまま電子レンジ500Wに1分～1分半かける。

食パンにのせてトーストする。好みで、はちみつやシナモンパウダーをふる。

◆ホットバナナ

バナナは皮ごと冷凍しておく。

皮ごと耐熱容器にのせ500Wの電子レンジに1分30秒、天地を返して様子を見ながら1分程度かける。割れてきたら止める。そのまま縦に包丁を入れて皮を左右に開き、好みで少しオーブントースターで焼いたアーモンドの薄切りなどのナッツ類をかける。

第2章

シニアの暮らしに寄り添う料理の話

夫婦ふたりになってからの「ごちそう」って？

さしの入った高級牛肉のサーロインステーキやすき焼き、とんかつや唐揚げに代表される揚げ物、フォアグラなどの濃厚な食材や、生クリームやバターがたっぷり入ったソース。そういったごちそうの代名詞のような料理はだんだんと体に重たくなってきました。その時は美味しくいただけても、あとで胃がもたれてしまったり、気分が悪くなったりしてしまうのです。

一方で今まで以上に、体にやさしい味を感じることができるし、求めるようになった気がします。スーパーでは油や調味料を選んで買うようになりました。梅干しやたらこ、ソーセージや生ハム、ベーコンなども添加物が入っていない、塩と素材だけで作ってあるものを選ぶようになりました。体に良いものをという観点からだけではなく、美味しいと思うからです。

実際にいただいた後の後味とでもいうのでしょうか、口の中ではなくて、体に対する後味みたいなものを実感するようになってきているからかもしれません。

素材そのものが持つ旨み、甘み、苦み、辛み。それらがよくわかるようになってきたし、そういうものを引き出す調理法も、年の功からか上手になってきた気がします。ちょっとした調理のコツとほんのひと手間をかけて。たまにはかつおと昆布でだしを取って。素材から引き出した旨みを味わえる料理がごちそうになってきました。

ちょっとずついろいろなものをいただきたいと思うようにもなってきました。大きくて立派なサンマの塩焼きは夫と半分ずつでもよいので、お肉も少し食べたい。例えば豚タンの塩焼きとか、なすとひき肉の八丁味噌炒めとか……そんな具合です。

そして、美味しい野菜が必ずほしい。それも2～3種類はほしい。いんげんの胡麻和えとポテトサラダだったり、生野菜のサラダがあれば枝豆があるとか……。たいして手をかけなくても電子レンジでシリコンスチーマーを使って蒸し野菜を作ったり。

そして、果物ですね。

こんな食卓が私にとってはごちそうです。

本章では、変化してきた食の好みに合わせつつ、手軽に作れるよう工夫してきた料理の調理法や素材の工夫を実際のレシピを交えながらお話ししたいと思います。

私が使っている料理用の調味料

その前に、まず私が料理に使っている基本的な調味料をご参考までにご紹介します。

もちろんこれらが、良い悪いというお話ではありません。

◆醤油

キッコーマン特選丸大豆しょうゆとヒガシマル特選丸大豆うすくちを使っています。

醤油は何でも同じように思いますが、銘柄によってかなり味も塩加減も違います。

何が良いという話ではなくて、料理にはいつも同じ銘柄を使うほうが、味作りに失敗が少ないと思います。

お刺身などに食卓で使う時は、いろいろな銘柄を楽しんだりしています。

◆料理に使う酒

私はなるべく安価な、でも、飲むお酒を使っています。「料理用」は、味や独特の風味が料理の邪魔をするので使いません。また臭みを取ったり、旨みを引き出したり、ある時はだしの代わりとしても使える酒の効能も弱い気がします。

◆料理に使うワイン

三百～五百円程度の安価なワインを使っています。

◆酢

ミツカン醸造酢純米酢金封を使っていますが、しめサバを作る時などいわゆる捨て漬けにするときは一番お安い酢を選びます。

また最近はゆずやレモン、スダチ、橙、夏ミカンなどかんきつ類の果汁を使う機会を心がけて増やすようにしています。

◆みりん

みりんは本みりんということだけにこだわっていましたが、最近、福来純というメーカーの本みりんを使い始めましたらやめられなくなり、幸い最寄りのスーパーに売っているのでこれを使っています。

◆油

健康のためにサラダ油を使うことがほとんどなくなり、オリーブ油を使っています。ほかにえごま油も使います。香りが好きです。

オリーブ油は世界的な人気の上昇で、いわゆる偽物が多く出回っているとか……。遮光の瓶や缶や陶器に入って売られているもの（プラスティック容器は避ける）、産地（国ではなく地方）までの記入があるものを選ぶと、かなり安心と言われます。

また、まず匂いをかぎ、小さじ1杯くらいを口に含み、飲み込んでフルーティーな自然の香りがする、苦みがある、少し喉を刺激するようなイガイガした感じがする、さらにさらっとしているものがよいそうです。

産地やオリーブの種類によって魚介系に合うもの、肉系に合うものがあると言われますが、私には正直言ってそこまではわかりません。

揚げ物にはキャノーラ油を使ったりもします。

◆塩

塩は様々なものが売られていますね。そしてなめてみると確かに味が違います。ですが、料理に使う時は使い心地に重点を置きます。

私はいわゆる赤いキャップの食卓塩の瓶を使って振って使います。長年そうしているので、だいたいどれくらい振って0・5gくらいだとかいう量の感覚までわかります。肉や魚に塩をする時は、塩加減に狂いが出ないので、これがやめられません。必然的にサラサラの塩でないと困ります。焼き塩を使ったり、精製塩を使ったりして料理の基本的なところはいたします。逆に、ドレッシングを作ったり、トマトに直接かけたりするような時は、いろいろな天然塩や岩塩を使います。

私が使っている基本的な料理用の調味料はだいたいこんなところでしょうか。ご覧になってわかるように、なるべく質の良いものを使いたいけれど、「選びぬかれた」というほどこだわって、手に入れるのが大変だというものは使いません。たいていのスーパーにはあって、いつでも手に入れられる範囲です。

お味の作り方実践編

料理をする時は、素材そのものが持つ旨み（だし）を最大限引き出す、または反対に旨みを閉じ込めるような調理法にすることで、味の土台を作るように気を付けています。その調理法の一つとして低温調理があります。

例えとしてわかりやすいものに、カレーなどに入れるとよいとされる玉ねぎを炒めたものがあると思います。いわゆる飴色玉ねぎです。

これは弱火でじっくり火を通しながら、焦がさないように作ります。強火で炒めると、焦げてしまって台無しになります。じっくり火を通すことで、焦がすことなく水分だけが蒸発して、素材の持つ甘みや旨みが凝縮されてくるのです

玉ねぎだけでなく、人参、セロリ、にんにく、ピーマンといった香味野菜をじっくりと炒めることで、野菜の旨みと甘みを引き出すソフリット（フランス風に言えばミルポワ）も低温調理して作っているわけです。

では、実際の料理に沿って見ていきましょう。

◆食材の旨みを引き出す
低温調理・余熱調理

飴色玉ねぎ

◆**用意するもの**
玉ねぎの薄切り

◆**作り方**
フライパンにオリーブ油少々と玉ねぎを入れて火にかけ、最初は中火で透き通ってくるまで炒めたら、ごく弱火に落として少し水気を加え、蓋をして水気がなくなるまで蒸し煮にする。

もっと言えば電子レンジ加熱でも十分です。耐熱容器に玉ねぎを入れてラップをし、最初は500wで数分かけて全体の温度を上げる。その後は200w（解凍キー）に落として数分ごとに全体を混ぜつつ（電子レンジ加熱はどうしても加熱むらができるので途中で全体を混ぜましょう）、様子を見ながらかけていけば美味しい玉ねぎの出来上がりです（飴色になっていなくても構いません。十分水分が飛んでくったりしていて、食べてみて甘ければよいのです）。

チキンライス

◆**用意するもの**

ご飯

1～2センチ角に切った鶏もも肉

人参、セロリ、ピーマン、玉ねぎ（すべてみじん切り）、オリーブ油、ケチャップ、塩、胡椒、白ワイン

◆**作り方**

1　フライパンにオリーブ油を入れて中火にかけ、鶏肉をごく軽く塩、胡椒して炒める。鶏肉の表面の色が白くなってきたら、野菜のみじん切りをすべて加え、炒め合わせる。

2　玉ねぎが透き通ってきたらごく弱火にし、白ワインを少々加えて蓋をして7～8分蒸し煮にする（野菜から水分が出始めるまでの間に焦げ付くと困るので、最初に水気を少々入れておくと安心です）。

3　蓋を取ってケチャップを加え、火加減を中火に戻して汁気がなくなるまでよく炒め合わせる。さらに、ご飯を加えて混ぜ合わせ、よくなじんだら火を止める。

赤字の部分がポイントです。

弱火で炒めると言っても、ずっとつきっきりで炒めるのは大変すぎます。要は「炒める」ことや「飴色にすること」に意味があるのではなくて、焦がさずにじっくりと火を入れていくことに意味があるので、蒸し煮にしてしまって構いません。さらにケチャップとじっくりと炒め合わせることでケチャップ臭さも飛び、野菜と混然一体となってソースのようになってきます。これをご飯に合わせることで、ささっと強火で炒めて、ケチャップをちゃちゃっと合わせて作っていたチキンライスとは全く別物の、旨みの強い美味しいチキンライスになります。オムライスにしてもホワイトソースをかけてもドリアにしても絶品です。

お肉は逆に旨みを閉じ込めてやることが美味しさの秘訣です。

そのためにはまずお肉の表面をさっと強火で固めて肉汁が出てしまわないようにする工程が必要になります。これは肉の表面の殺菌にも効果があります。では、ゆで豚を例にして見ていきましょう。

◆食材の旨みを閉じ込める
低温調理・余熱調理

ゆで豚と野菜スープ

◆**用意するもの**
豚もも肉煮豚用 300g
人参、玉ねぎ、セロリ(すべて薄切り)
酒少々、塩、胡椒少々

◆**作り方**
1 小鍋に豚肉がかぶるくらいの水と酒少々を入れて火にかけ、沸騰したら豚肉を加えて、静かに沸騰を保ちながら2〜3分茹でる。
2 火を止め、耐熱の大きめのボールに豚を取り出し、そこに茹で汁をクッキングペーパーなどで濾しながら注ぐ。さらに薄切りにした野菜も加えて、あればパセリの茎やローリエの葉も入れ、ラップをして電子レンジ200W(解凍キー)に30分かける。
3 器が熱いので気をつけて取り出し、豚肉は竹串を刺して透明な肉汁が出るのを確かめる(透明だがピンク色だと加熱が足りないので、もう10分そのままおいて余熱を通す)。
4 豚肉を取り出し冷ます。冷めたら薄切りにして器に盛り付ける。スープは塩、胡椒で調味し、器に取り分け、ディルなどの香草を刻んで散らす。

赤字部分がポイントです。まず沸騰湯で2〜3分肉を茹でて、表面を固めるのと同時に殺菌。それから一旦アクを取り除いて野菜を加えて電子レンジで低温調理します。ここで野菜はしっかりと旨みと甘みが出るし、お肉にとっては野菜の風味で肉臭さが軽減され、さらに肉汁が閉じ込められて大変しっとりした状態のまま茹で上がります。

お肉を取り出したら、その茹で汁に塩、胡椒すれば美味しい野菜スープも同時にできているという仕組み。加熱が若干足りない時は、余熱を利用してください。

ここで一言添えたいのは、このスープは野菜の甘みが「出過ぎた」ものになる場合があるということです。そんな時に役立つのがディルなどの香草類やレモンなどの香りです。これらを少し使うと大変美味しく感じるようになります。

さらに肉料理で理解しておきたいのが、メイラード反応という仕組み。

簡単に言えば、お肉をある程度の高温で焼いた時に、お肉の表面が褐色に色づいて良い匂いがしてくること。熱したフライパンでステーキ肉をジュワッと焼いた時の、あの匂いと焼き色です。これがお肉を大変美味しそうにしてくれます。

また、中までしっかりと火を通したい肉料理では、強火のままだと表面が焦げて中まで火が通せません。ですから今度は低温調理に切り替えることが必要になります。

フライパンで作るローストビーフ

◆用意するもの

牛もも肉……………塊で６００g
塩、胡椒、にんにく、サラダ油
セロリ、人参、玉ねぎ、にんにく、長ねぎ（すべてざく切り）
水またはワイン………１００cc程度詩

◆作り方

1 肉は２〜３時間室温においてから、塩、胡椒をまんべんなく強めにすりこみ、さらににんにくを半割にした断面をこすりつける。

2 フライパンに大さじ２〜３のサラダ油を熱し、まず肉の全面を強火で焼き付けて、肉汁を閉じ込める（メイラード反応でよい匂いが漂います！）。

3 一旦、フライパンを濡れ布巾の上におろして熱を冷ます。
セロリ、人参、玉ねぎ、にんにく、長ねぎをフライパンの

底面や周囲に並べ、弱火にかけて、肉を置き、水またはワインを注ぎ、蓋をして蒸し焼きにする。

途中ひっくり返しながら、10分から15分ほど蒸し焼きにしたら火を止め、鉄串を差し入れて10秒待ち、引き抜いて、唇の下にあて、冷たいところがないことを確認したら、広げたアルミホイルの上に肉を取り出し、包み込んで、さらにタオルなどでくるみ、1時間以上おいて余熱を入れる。

フライパンに残っている汁は取っておく。

4 肉を包んだアルミホイルには肉汁がたまっているので、こぼさないよう、その汁を取り分ける。

先のフライパンの汁と合わせ、少し煮詰めて好みでバター少々を加え混ぜ、グレービーソースとする。

肉汁は、熱い間、肉の表面に出てきていて、温度が下がると中に戻るので、そうなってくるのを待って切り分ける。

鶏むね肉のしっとり照り焼き

◆**用意するもの**

鶏むね肉

鶏肉の重量の0・8％の塩と砂糖

酒少々、醤油、みりん

◆**作り方**

1 鶏むね肉両面にまんべんなくフォークで穴をあける。砂糖をすり込み、続いてビニール袋に塩と酒を入れて、そこに鶏肉を入れてよく揉む。15分ほどおいておく。

2 フライパンを中火に熱し、180度くらいになったら皮目を下にして鶏肉を入れる。1分ほどで皮目に焼き色がつくのでそれを確認したら、フライパンに溶け出した油分をふき取り、火を最弱火（IHなら1、ガスならフライパンの底に火が届かない程度）にして蓋をして10分、返して10分焼く。

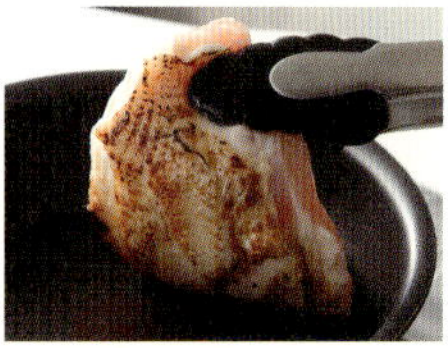

3 鶏肉は取り出し、醤油とみりんを加えて火加減を中火にして煮詰め、好みの加減になったら鶏肉にかけて絡める。

むね肉はぱさぱさしがちですが、高たんぱく低カロリーでシニアの世代には嬉しい食材の一つです。

下味と共に酒をしっかり揉みこむことで水分を足してジューシーさを持たせると共に、肉臭さなどが軽減されます。下味は重要です。後から味付けするにしても、少し素材に下味をつけておくことで味が乗ってきます。

砂糖を入れないホットケーキに、メープルシロップをいくらかけてもあまり美味しくないのと同じです。内側からの味と外側からの味が呼応するというのでしょうか？　むね肉は総じて分厚くて外側から絡めた味だけでは頼りないので、少ししっかりとした味付けをしておきます。それでも塩気は０・８％程度で十分です。

また砂糖はコクを添え、保水力があるので鶏肉の中に染み込ませた酒をしっかりキープしてくれる働きも期待できますが、使い過ぎないようにするのがポイント。

鶏肉は皮と肉の間に臭みがありますから、まず皮目を下にして焼き付け、よい香りと色づきを得ると同時に、臭みを溶かして流してしまいます。その後低温調理に切り替えてじっくりと加熱していきます。焦げ付きやすいたれは最後にさっと絡めます。

驚きの柔らかさとジューシーさです。

筑前煮

◆**用意するもの**

れんこん、人参、ごぼう、こんにゃく、鶏もも肉
酒、みりん
醤油　サラダ油

◆**作り方**

1　れんこんと人参は皮をむいて乱切り、ごぼうは皮をこそげて乱切りにしたら水に放つ。こんにゃくは一口大に手でちぎり塩で揉んで洗う。すべて一緒にさっと下茹でする。

2　鍋にサラダ油を入れて火にかけ、鶏と野菜を全部加えて、ごく軽く塩（分量外）をして炒め、酒とみりんをひたひたに加えて、落とし蓋をして中火で12〜13分煮る。鶏と野菜が煮えてきたら醤油を入れてさらに7〜8分。煮汁を煮詰める（あまり煮汁が多かったら一度具材を引き上げ、煮汁だけを煮詰める。とろとろしてきたら具材を戻して転がす）。

3　器にとって針生姜を飾る。

日本酒は材料の臭みを消したり柔らかくする働きがあり、野菜にコクをつけ、より美味しくしてくれます。そのものにも深い旨みとコクがありますので、素材の旨みを酒で引き出しつつ、だしを使わずに作ることができます。

スペアリブや鶏の手羽など骨付きの肉をお酒をふんだんに使って煮込むと、臭みはもちろん余分な脂も落ち、骨離れもよくなって柔らかく煮込むことができます。

さらに「アクを抜く」という作業も重要です。野菜には多かれ少なかれえぐみや苦みを持っているものが多く、下茹でしたり、水に放つことでそれらを少し取り除くと、美味しい煮汁がよく浸透します。

次は素材の持つ旨みを複合的に重ねることで深い味を作る調理法です。

水炊き　鶏のだしにさらに鶏……

◆用意するもの

鶏ぶつ切り
鶏もも肉（一口大に切ったもの）
水菜、きのこ、豆腐、長ねぎなど
塩……適量
酒……少々

◆作り方

1　土鍋に水を入れて沸騰させる。
2　酒と鶏ぶつ切りを入れて蓋をして30分弱火で煮る。さらに鶏もも肉を入れて30分蓋をして弱火で煮込み、アクをしっかり取る。
3　塩で好みに調味して、まずスープを楽しむ。一口大に切った豆腐や野菜を入れていただく。

骨付き肉からは大変よいだしが出ます。それを低温調理でしっかりと引き出しながら、さらにその上にもも肉を加えて鶏のだしを二重にとります。こうすることで深い味わいになり、だしを加える必要がなくなります。

このように、食材のもつ力を知り、加熱の仕方を工夫することで深くて力強い味の土台を作ることができます。

さらに一歩進んで市販の固形スープの素やガラスープを使わず、味の基礎を作る方法を見てみましょう

市販の固形スープの素の箱書きを見ていただけるとわかるのですが、チキンやビーフや野菜のエキス以外にはたいてい塩と砂糖と醤油と油で構成されています。そのほかにいわゆる酸化防止剤や色素やクエン酸などが配合されています。

スープやシチューを作る時は肉や野菜は必ず入りますよね。それらを煮込むことで、だしは出ているわけです。チキンエキス、ビーフエキス、野菜エキスに相当します。ですから、塩と砂糖と醤油を足せば、だいたいの味は作れるということになります。

お澄ましなどを作る時、人間がおいしいと思う塩分量はだいたい０・８％〜１％と言われています。

砂糖はコクと旨みを増してくれるので少し入れます。ですから全体の量から勘案して相応の塩と砂糖を加え、香りづけとコクのために、醤油を少々加えればよいということになります。そして日本酒やワインや紹興酒といった酒類の力も借りましょう。

バターやオリーブ油なども好みで加えてもちろんＯＫ。

次の料理レシピを見ていただけるとわかっていただけると思います。

もちろん、私も固形スープの素まで否定すると面倒な時が多いので使いますが、原理はこういうことです。

◇固形スープの素を使わずに作る

牛すね肉のポトフ

◆**用意するもの**

牛すね肉、じゃがいも、人参、セロリ、水700cc、白ワイン100cc、塩小さじ1、砂糖小さじ1/2、薄口醬油小さじ1/4

◆**作り方**

1 すね肉と丸ごとの人参、筋は取らず鍋に入る長さに切ったセロリと、水、白ワインを合わせて火にかける。最初強火で煮立ったら弱火にしてアクを取りながら1時間煮込む。

2 一旦材料を取り出し、肉は脂を掃除する。人参は皮をとって大きめの乱切りにする。

3 セロリは筋を取って適宜な大きさに切る。煮汁はざるにクッキングペーパーをおいて濾しておく。すべてを再び鍋に入れ、皮をむいたじゃがいもを丸ごと加えて塩、砂糖、薄口醬油を加え弱火で1時間煮る。

4 最後にもう一度必要なら塩（分量外）で味を調える。

緑の材料が固形スープの素の代わりをします

あると便利な手作り調味料と保存食

1

2

3

4

5

6

ごく簡単にできる醤油ベースの調味料やねぎ油、中華用醤油を作っておくと便利です。最近は市販品で見かけるものもありますが、気が向いた時に作っておくと重宝すると思います。

また、毎日の料理の中で、私が最も面倒に感じるのが野菜の料理です。ですから、野菜の保存食があると本当に気が楽で重宝します。その中でも特に私のお気に入りを数点、ここでご紹介しておこうと思います。ただし、あまり作りすぎずに2~3日で食べきれる程度にしておきましょう。

1　醤油漬けの調味料（すべて保存は常温で長期に可能）

生姜を薄切りにして、醤油に漬け込む。大葉を千切りにして、醤油に漬け込む。皮をむいたにんにくを醤油に漬け込む。

醤油漬けの調味料は、醤油が減れば醤油を足し、中身を使えば新しいものを足していけばよい。例えばにんにくは、真っ黒に漬かった頃に取り出して、みじん切りにしてハンバーグに混ぜ込んだりしても美味しいし、生姜はそのままお漬物としてもいただけます。

大葉は取り出して絞り、おにぎりなどをくるむとこれもまた絶品です。

豚肉の生姜焼きを作る時などは、生姜を用意しなくてもこの生姜醤油だけでしっかりとした生姜焼きのお味を作れるし、炒め物ににんにくを入れなくてもにんにく醤油を使えば風味はバッチリつきます。

大葉醤油は酢と合わせて酢醤油とし、餃子などをいただくのが私のお気に入りです。

2　ねぎ油

サラダ油　４００cc
長ねぎの青い部分　３〜４本分
鷹の爪　２本

サラダ油、ねぎを鍋で弱火でことこと煮て、ねぎがすっかりしなびたら火を止め、鷹の爪、種を抜いたもの）を入れて、そのまま冷ます。

ねぎ油は炒め物やスープの最後に回しかける香味油として使ってみてください。

3　中華用醤油

濃い口醤油 ２００cc
砂糖 小さじ1
だし昆布５×５㎝を合わせ、しばらく弱火でことこと煮込み、冷ます。

中華醤油はいろいろな種類がありますが、身近には売っていません。

これは身近な材料で、ごく簡単に少しコクがあって濃い感じの醤油にしたものです。

今はもう上海に帰ってしまった中華のコックさんから教えてもらいました。中華料理を作る時、レシピの「醤油」の一部をこれに代えて使ってみてください。炒め物や中華の餡《あん》かけなどが特にお勧めです。

4　パプリカと玉ねぎの彩マリネ

◆**用意するもの**

パプリカ……………2個
（もしくはカラーピーマン6個）
ピーマン……………4個
計400ｇ
玉ねぎ………………1／2個
塩……………………5ｇ
（食材の総重量の約1％が目安）
胡椒…………………少々
にんにく……………1片
（みじん切り）
ローリエ……………1枚
オリーブ油…………大さじ1

◆**作り方**

1　パプリカとピーマンは2センチ幅で縦に切り、さらに横半分にしておく。玉ねぎは薄切りにする。

2　材料をすべて合わせて耐熱容器に入れてラップし、電子レンジ500Wで5分かけたら一旦取り出してよくかき混ぜる。さらに電子レンジ200Wで10分かけて再び取り出してかき混ぜる。もう一度電子レンジ200Wで5分かける。冷めたら保存容器に移す。冷凍可（電子レンジ200W＝解凍キー）。

5　カリフラワーの酢漬け

◆**用意するもの**

カリフラワー……………1株
オリーブ油………………少々
酢…………………………100cc
固形スープの素…………3個

◆**作り方**

カリフラワーは小房に分ける。フライパンにオリーブ油を入れて火にかけカリフラワーを炒め始める。酢と固形スープの素を加え、しっかり味が全体になじんだら火を止める。

6　なすのスカピーチェ

◆**用意するもの**

酢…………………………400cc
水または白ワイン………200cc
塩…………………………40g
なす………………………10本
にんにく（みじん切り）
唐辛子（輪切り）
バジルなど
オリーブ油

◆**作り方**

1　酢と水と塩をよく合わせておく。
2　なすは皮をむいて細切りにし、酢水にどんどんつけていく。30分〜1時間つけてすっかり酢になじんだら、しっかり絞る。
3　にんにくと唐辛子、好みでバジルなどの香草（乾燥タイプがよい）を混ぜ込んで、さらにまた絞りながら熱湯消毒した瓶にきっちりと隙間なくつめる。
4　さらに上から押さえて汁気を切ったら、オリーブ油を注いで空気と遮断し、蓋をする。

第3章

調理道具と食器を見直してみませんか？

フードプロセッサーやブレンダーのこと

料理を作る道具や調理機器、食器についても考えてみようと思います。

家族の人数が減って、作る料理の量も減り、調理道具や食器類もそんなにたくさん持つ必要はなくなってきているかもしれません。

また、今の自分の料理に合わせて調理器具を見直すことも、より負担の少ない生活にしてくれるのではないかと思うからです。


長く料理教室を続け、生徒さんの前で皆さんとお話ししながら料理を作ってきて、「厄介な」調理器具の筆頭だと感じるのがフードプロセッサーです。

この場合の「厄介」という意味は「持っていたいけれど使いたくない」というくらいのニュアンスでしょうか。

料理の本などを見て、この料理を作りたい！　なんて気分になった時に、しばしば登場する器具です。フードプロセッサーがあればこんな料理が簡単に作れるんだ！

とお安くはないそれを買ってみたくなる、魅力のある器具です。

ところが日常的に使うものでもない。重たいし、かさばるしということで、買ってはみたものの、箱に入って、キッチンの一番上の棚か下の棚の奥に入っている。

そうすると、いざ使おうとする時に、出すだけでも面倒くさい。重い。使った後に洗うのも大変。ですので「持っていたいけれど使いたくない」厄介な器具ということになるのです。

私は仕事柄、ブレンダー2台、大型フードプロセッサー1台、ジューサー1台持っています。そしてそれらは、すべてすぐ使えるように取り出しやすいところに並んでいます。ですから、出してきて使うことに、それほどの抵抗感はありません。でも、とにかく使った後が面倒なんです。

ところが、この私の長年の憂鬱を一気に解決してくれたのが、ハンディブレンダーでした。

これを知った時、便利そうに思ったし、たいして高いものでもありませんでしたが、長年見て見ぬふりをしてきました。

なぜなら、とにかくブレンダーやフードプロセッサーはちゃんとした物があるし、きっとこのハンディブレンダーだけでは間に合わないことも多々あるに違いない。結局道具を増やすだけになりそうだ……と。

ですがどうしても、お鍋の中に直接突っ込んで使えたらいいなあと思う料理があり、思い切って2年前に購入してみました。

便利でした！　軽いし、場所も取らず、とにかく使った後が簡単!!　そして粉砕力もなかなかのもので、これを使ってみて、処理しきれずに大きなフードプロセッサーやブレンダーに移し替えたことは一度もありません。

これをきっかけに、調理器具を整理してみようかと思案を始めました。

ジューサーというものは全く使っていませんでした。以前、青汁の本のお仕事をしたことがあって、そのために買ったのです。が、最近は繊維質を排除してしまわないスムージーが主流ですし、私自身の生活の中でも廃棄物の出るジューサーは使いません。

ブレンダーは、ハンディブレンダーがあればほとんど不要です（2台のうちの1台は粉砕能力がとても高い＝固いものが砕けるものですので、残す価値があるかもしれません）。

そもそも、フードプロセッサーはカッターの位置が低いために、材料に水分がなくても粉砕でき、ブレンダーはカッターの位置が高いために多少の水気がないと粉砕できないという特徴がありました。ですが、ハンディブレンダーは刃の部分を容器の底に押し付けるように使うことができるために、あまり水分のないものでも粉砕します。ですからフードプロセッサーのすりつぶす能力は補えてしまいます。

ただし、フードプロセッサーはカッターを付け替えて、生地をこねる、スライスする、おろすといったことができます。が、私はその中の「こねる」という機能以外は使っていません。スライスはスライサーのほうが、手軽で便利だし、おろすというのもおろし器で間に合うからです。そして何しろ使った後が簡単です。

で、結局まとめますと、普通のブレンダー１台とジューサーはいらないわけです。

そして「こねる」ためならフードプロセッサーの代わりにボッシュというメーカーのコンパクトキッチンマシンが欲しいかなあ～という感じ。

このマシンはパン生地をこねたりするためのフックや、卵を泡立てるための泡立て器などを先端に付け替えて使うことができます。

現在は卵の泡立て用に、持って使う電動泡立て器を使っていますが、最近これを、泡立てる間ずっと持っているのがしんどいんですねえ〜。ボールの上に泡立て器をガチャッとおろしてスイッチを入れたら泡立ててくれる、あのマシンが欲しいなあ。

このように、

◆今の自分に必要な機能は何か？

◆今の自分にとっての使いやすさとは何か？

◆今より場所をとらなくなるか？

という観点から見つめ直しましたら、

大型フードプロセッサー

ブレンダー

高粉砕力のブレンダー

ジューサー

ハンディ電動泡立て器
←
ハンディブレンダー
高粉砕力のブレンダー
コンパクトキッチンマシン

という結論になりました。

で、実現したいと思いつつ、ボッシュのコンパクトキッチンマシンの結構なお値段に、今のところひるんでいるのですが……（笑）。

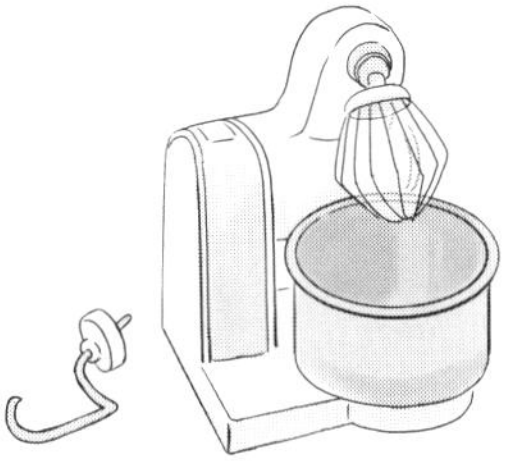

ボッシュのコンパクト
キッチンマシン

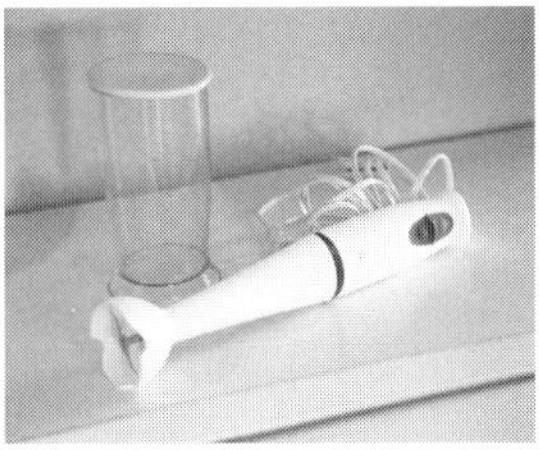

最近の私の強い味方
ハンディブレンダー

左から40年もののブレンダー、
ブレンダー、ジューサー、
フードプロセッサー

蒸し器、レンジ、オーブンなど大型調理器具、どうしましょう？

そして蒸し器。これも持ち出すのが厄介な、大型調理器具の一つです。しかしこちらは、電子レンジ専用の蒸し器やシリコンスチーマーを使うことで大いに出番が減りました。

私は、蒸し物には、ほぼせいろを使っていました。粉ものが好きで中華まんじゅうなどを作るのが好きなもので、これを手放すわけにはいきません。がしかし、ちょっとした蒸し物にせいろやステンレスの蒸し器を持ち出さなくてよくなって、大変助かっています。

さらに大型の調理器具として、電子レンジ、オーブントースター、オーブンなどがあると思います。

電子レンジは１０００Ｗなどという高出力機能より、１００Ｗといった低出力機能があると便利だと、私は思っています。電子レンジのよさは、低温でじっくり加熱

手放すわけにはいきません！
せいろ

するのに便利ということがあるからです。

オーブントースターは高機能のものがおすすめです。温度設定とタイマーがあれば、大方オーブンの役目を兼ねられるからです。

オーブンはパンやケーキを焼くということが趣味ならともかく、立ち上げるのに余熱時間がかかります。クッキーやピザを焼く程度なら、オーブントースターのほうが断然便利だったりします。さらにガス台（ＩＨでも）にビルトインされているグリルもオーブン機能をずいぶん果たしますから。

私のアシスタントさんは以前、「石窯焼きのピザが再現できる」といううたい文句にひかれて高価なオーブンを買ったそうです。ところが予熱に1時間近くもかかる上に、オーブントースターでさっと焼いたものと何が違うのかよくわからなかったと嘆いていました。

私は以前、オーブンと電子レンジとホームベーカリーが一体となった機種を使っていたことがありますが、あまり機能が重なっていても、ベーカリー機能を使うと4時間ほど拘束されてしまいますから、よく考えて時間を割り振らないと大変でした。

複合機能のものを買うときは、ご自分が何を持っていれば一番快適で場所を取らないのかをよく考えることが大切です。

例えばホームベーカリーを持っている方、多いですよね。ですが、あの容器型に焼き上げるパンよりも、途中から成型をなさることが多いなら、ホームベーカリーではなくて「こねる」機能のある別の器具（フードプロセッサーや前述のコンパクトキッチンマシンなど）とオーブンがあったほうが断然良いし、逆なら高機能のオーブントースターがあれば、オーブンはいらないかもしれません。

私はパンを焼くのが趣味で、３００度まで設定でき、スチームショットも打てるオーブンを持っていますが、家庭用には限界があって業務用のオーブンが欲しいです（場所の問題で見果てぬ夢です）。

今はオーブンと電子レンジ機能が一体となったものと高機能オーブントースターを使っていますが、この組み合わせは、私にはなかなか良い感じです。

なくてはならぬように思う炊飯器だって、人数が減ると、厚手の鍋で炊いたほうが早くて便利だったり、今や電子レンジ専用の炊飯器、さらには圧力鍋なども ある時代です。

このように、

◆**調理家電に対応する新しい調理器具に気がついたら試してみる**

◆**大型調理家電の複合した機能の中で自分が必要としているものを整理する**

というようなことをしてみると、生活の節目や、製品の寿命が来て調理器具を見直す時に、調理の負担が軽減されたり、場所をとらなくなったりすることがいろいろとありそうです。

厚手の調理器具に変えると、料理も変わる

手元の調理器具はどうでしょうか？　いわゆる鍋釜です。中でも使用頻度の高いものがフライパン。

子どもがいて、時間がなくて、お財布の余裕もなかった時は、いつも行くスーパーで売っている、手ごろな値段のテフロン加工のフライパンをとっかえひっかえ使っていました。が、7〜8年前にオール電化のマンションに移り、ＩＨでの調理になった時に、仕方なく調理器具を大幅に見直しました。たとえＩＨで使えても、今まで使っ

ていたその薄いフライパンはＩＨには不向きでした。焼きむらがひどいのです。

そこで仕方なく、ティファールの最高級のシリーズにフライパンを変えました。厚くて重くて振り回すことはできませんが、ＩＨは鍋を振ることはできないので重いことはそんなに苦ではありません。

そしてそれを使い始めて、初めてフライパンが厚手か薄手かということが、料理の出来をひどく左右するということに気がつきました。また最高級モデルのテフロンはとても長持ちすると知りました。もしかしたらテフロンの塗布の状態というより加熱むらなく、焦げ付くような火の当たり方もしない厚手のフライパンだから、テフロンも長持ちするのかもしれませんが……。

また、ＩＨは数字で火の強さを調節でき、さらに「保温」という、私にとっては「最弱火」があります。この最弱火と厚手のフライパンの組み合わせは低温調理の実践という意味でとても便利でした。

中～強火でも焦げつきにくく、最弱火にしてもしっかり熱を蓄えているので、ふんわりと加熱できるのです。

私のＩＨの調理台は２口ですから（もう一つ、電熱のようなコンロがついているのですが、使いにくくてほとんど使っていません）、試作の時など、火口が足りなくてカセットコンロも使います。

このとき使うガス火でも、厚手のフライパンは同じような調理を実現してくれます。ＩＨと違ってガスの直火は弱火の調理にはコツがいります。とにかく家庭用では、ガス火が鍋底に直接当たらないという火加減はなかなかむつかしい。

プロの厨房では「これが弱火？」と笑いたくなるような炎の大きさで弱火と表現しますが、よく見ると火が直接鍋底に当たっていません。鍋底から炎が出てくるガス器具の穴まで10センチ近くあるからです。プロの厨房の火は遠いのです。家庭では五徳を２つ重ねるとか、耐火のレンガなどを両脇に置いて鍋の底を上げるとよいのですが、厚手のものを使っていれば、かなりカバーできます。

鍋に関しては、もう25年来、ビタクラフトの５層ステンレス鍋を使っています。ビタクラフトの鍋もイニシャルコストはかかりますが、使えなくなるということはない気がします。25年間全くびくともしません。そして何より加熱調理時間が短くて、余熱時間が長いので、手早く、そしてじんわりと美味しく調理することが、よりやり

25年来の料理の相棒、
ビタクラフトの厚手の鍋

IHに備えて揃えた厚手のフライパンも
使い勝手が◎

やすい。

とにかく調理器具を厚手のものに変えたことは結果としてはとてもよかった。

さらに鉄鍋も最近はお手入れがラクでＩＨにも使えるものがあって、これも重いですが、それはそれで便利です。

余談ですが、テフロンはしっかり熱することができないから、高温の調理は鉄のフライパンが良いと言われます。が、私は鉄鍋といっても、煙が上がるほど熱して使うのはいかがなものかと思います。プロがあのような火加減にするときは、フライパンから立ち上る熱気で上の空間に熱い空気のゾーンができています。素材を煽《あお》ってその中に投げ上げることで、その熱気で調理しているともいえるからです。私達では焦げつくだけになりかねません。加熱の仕組みが違います。

鍋の数はいりません。耐久性のある手入れしやすい鍋を大中小1個ずつと、フライパンも大中小1つずつあれば完璧ではないでしょうか？

ここに加えるなら圧力鍋や土鍋の類ですが、圧力鍋は最近電子レンジ用のものが出ていますね。私もトライしてみたいと思っているところです。

「お菓子の型」を捨てない理由

基本的な調理道具はそれで十分として、子どもが独立してどうしようかと皆さんが迷われるのは、お菓子の型などのようです。

子どもが小さい時は一緒に作ったり、幼稚園でバザーに出すのにクッキー作りをさせられたりということがあります。

ケーキ型、プリン型、シフォン型、クッキー型、さらにはお弁当用のいろいろな型。ちょっと凝ってしまったりするとケーキ型だけでもかなりの種類になり、さらに粉ふるいやクリームの絞り出しの口金など大量に抱え込んでいる方が少なくありません。それぞれに思い出はあるけれど、もう使わないからと処分してしまう方も多いです。

でも、私はこれらの処分はしないと思います。

なぜなら、私の持っている大量のお菓子関連の道具は、ほとんどすべて母から引き継いだものだからです。

マドレーヌの型に敷く敷き紙などは、何十年前かの日本橋三越の値札が付いたまままだ残っています。そしてその敷き紙を敷いて焼くと、取り出したマドレーヌの底にレトロな「欧風菓子」という文字が……。

それは子どもの頃、母と一緒に眺めていた、ミセスという雑誌のお菓子のページのきれいな写真を彷彿とさせて懐かしい。私が出版した「昭和のお菓子」をテーマにした本の中でも、そのレトロ感が編集者の目に留まり、小道具として活躍しています。

そして何より、それらの道具を使うたびに、母とお菓子を焼いた日、焼いてくれた日の情景が浮かんできて、すごく懐かしいのです。

ですからケーキ型やタルト型などは、今はテフロン加工やシリコン製があって使いやすいのですが、私はいまだに母から受け継いだ型を使っています。

孫が生まれたりすると、また一緒に作ることがあったりするかも……と思うし、これらの道具は改めて買い集めるのは大変です。娘さんやお嫁さんが必要になった時に譲ってもいいような気がします。もちろん希望があればですが……。

母から受け継いだ、
大切なお菓子の型の
あれこれ

姪の子と一緒に

食器の間引き方にはコツがあります。食器棚をよく見てみよう

若くて、仕事に子育てにと、忙しさに追いかけられて暮らしていた間に、食器もずいぶんとたまっているはず。

◆引き出物やプレゼントで否応なく我が家にやってきて、ただ置いてあるもの
◆好きで買ったけれど、使いにくくてずっと戸棚の中にあるもの
◆セットだったのに、だんだんと割ってしまって1枚になってしまっている器

そういうものを一度見直してすっきりさせることは、生活を快適にしてくれるかもしれません。

子どもが生まれて間もない時に、夫の仕事でアメリカに行きました。ディープサウスと呼ばれている地域、南部のサウスカロライナ州・チャールストンというところで、映画「風と共に去りぬ」の撮影舞台となったところです。

2年間の予定で、本当に「身一つ」という感じで参りました。

大手の商社などでしたら、引っ越し代が全部出るので、ティッシュペーパーまで持っていくと聞きましたが、そういう転勤ではなかったので、ほとんどは現地調達ということで行きました。そんなことですから、２年の間、必要最低限のものしか持たずに暮らしました。

食器はいわゆる丸いディナー皿というのでしょうか？　大きめのお皿とスープボウルとマグカップと、これだけは持参したお茶碗とお箸。

この時、つくづく思いました。

それまでは、なくてはならないように思っていた、お魚をのせる長めの四角いお皿。それがなくても、丸いお皿にサンマ（そんな田舎でも日本食材屋さんがあってサンマの開きが売られていました）が乗るんだなあ～。日本茶を取っ手のついたカップで飲むなんて考えられなかったけれど、やってみたら全然ＯＫ。これだけの食器で暮らせてしまうものなんだと感心しました。

今改めてその頃のアルバムを見ると、アメリカでもたくさんの人と、ずいぶんホームパーティーをしていましたが、お盆やアルミの簡便な大皿、鍋、オーブンの天板などを上手に駆使して、大勢のための料理を盛り込んでいます。

この時の体験は、私には衝撃的だったのです。

もともと美術が好きで美大に行きたかったくらいです。建築の仕事絡みで、インテリアの勉強もしていましたし、祖父は骨董好きでしたし、「器」というものが大好きでした。若くてそんなに料理がうまかったわけでもないけれど、「盛る」ということには気を使っていましたし、好きでした。

でも、「ネバならぬ」ように思っていたことは、「なんとでもなる」ことだったのです。紅茶セットがなくては人様に紅茶をお出しできない、ケーキ皿がないと、カレー皿がないと、蓋つきのお椀がないと、立派な大皿がないと……ならぬことなど一つもありません。

要はセンスと実用性です。

と言っても、今現在そうした緊急避難的な生活をしているわけでもなく、それなりに好きで集めてきた食器類を無理に減らすことはないし、立派な大皿があるのに、オーブンの天板に盛り込む必要もありませんが。

カップ＆ソーサーを手放して、フリーカップを使いまわす

シニアになったタイミングではないけれど、私が過去に大量に処分したものの一つがカップ＆ソーサーとティーポット、シュガーポット、ミルクポットのセット、あるいは２人分のカップ＆ソーサーでした。

ブランドのこうした食器は一時はやったこともあり、私の場合は、両方の親から受け継いだセットなどもあって場所を取っていました。

特にカップは、取っ手が付いていて重ねづらいので収納もしづらいのです。そして普段使いになりません。カップのふちの金彩や色彩がはげるのではないかと心配になってスポンジでごしごしこすれないし、食洗機もダメ。さらに、こうしたセットは必ず5個なのです。来客時に使いたいと思っても、家族の分を引くとお客様の分がなかったりして！

そんなこんなで、あるとき思い切ってかなりの部分を処分しました。それでももち

ろん何セットかは残っています。捨てるわけにもいかないのだけど、そんなに使う機会がありません。収納しづらくて困っています。

それに代わって活躍したのがマグカップ。

そして今の私のお気に入りは、取っ手が付いていなくて、厚手なので持っても熱くなくて、日本茶を入れても紅茶でもコーヒーでもおかしくない、スタイリッシュな「フリーカップ」です。おそろいで15個くらい買いました。これで何人いらしても大丈夫です。

積み重ねやすくて、割れにくくて、ごしごし洗っても気になりません。もちろん食洗機、電子レンジＯＫ。便利です。

こうして日本茶のお湯呑みセットも減らし、マグカップの類も減らし、ついでにお茶卓なども絞り込んで減らしてしまいました。

「多用途に使えて重ねやすい」「用途を決めつけない」が食器選びのポイント

それから私は、「丼」も、使いたい時にぴったりな大きさのものがなくて、よく困ります。普段、我が家ではあまり丼物は作りません（丼物に限らず、焼きそばやチャーハンなどいわゆる一皿ご飯を夫が好まないのです）。

ですが、たまに親子丼とか、うどんとか、ラーメンを作ると、なんだか微妙にフィットする丼の形とか大きさとか雰囲気が違うのです。我が家にある丼でいうと、親子丼とうどんは何とか同じ丼で大丈夫だけれど（ホントはうどんの汁がぎりぎり）、さらに滅多に作らないラーメンを作ると、丼が小さくて汁がこぼれます。

けれど、わざわざラーメン丼を買い揃えたいとも思わないし……と意外に私にとって厄介なものでした。

少し前ですが、スーパーの在庫処分市で、とってもよいものを見つけました。

飾り気がなく、スタイリッシュで、洋風にも和風にも中華風にも使えるシンプルなデザイン。かさばらないのに大容量の丼と、同じデザインのスープやシリアルボウルとして使える器。どちらの器の蓋としてもコースターとしても使えるし、もちろん単独でも使えるお皿。そういうセットを見つけまして、速攻、あるだけ買いました。が、すぐに結婚したばかりの姪に目をつけられて、半分持っていかれてしまいました！　もっと欲しいと思いネットで調べました。すると、キントーという、おしゃれな食器メーカーの品物でしたが、既に廃番となっていて買い足せません。キントーさん、なんで廃番にしちゃったかな〜〜。残念！

そんなわけで、多用途に使えて重ねやすくてというラインで考えると、食器もすっきりさせることができるのだと学びました。

用途を決めつけないことで、お蔵入りから脱却するものもあります。

我が家の場合は抹茶茶碗。たくさんあって箱に入っていて邪魔だったものを、思い切って箱を捨てて（売るほど立派なものとも思えなかったので箱は捨てました）積み重ねて食器棚に入れ、普段の煮物鉢、スープの器として使い始めたら風情があって、とっても素敵。

お猪口はちょっとした箸休めを入れて使ったり、そば猪口でコーヒーを飲んだり、水炊きの時にちょっと鶏のスープを飲んだり、徳利を花瓶に転用したり、または花瓶を水差しとして使ったり……。使い方も少し工夫して、四角のお皿に上に小さな四角のお皿を90度ずらして乗せてダブルで使ったり……。ガラスのコップにサラダを入れたり、ワイングラスにサラダを入れてみたり。

先ほどお茶卓も絞り込んで減らしたと書きましたが、残すポイントは、ガラスのコップをのせてコースター代わりにも使えそうなデザインだったりしました。またコースターとして売られていたものをお茶卓として使っていたりもします。

「値打ちもの」も大事だけれど、「いかに何度も楽しく使えるか」も大事です。「値打ちもの」が持っている重厚感とか本物感と、「値打ちもの」ではないけれどスタイリッシュなデザイン性を持つものを組み合わせて使うと、びっくりするくらいのオリジナルな楽しさが生まれたりします。それって、ある程度経験してきたシニアだからこそできることかもしれません。

こんな風に視点を変えて整理してみると、今まで死んでいたものが生きてきて、さ

ワイングラスに
サラダを入れて

四角のお皿２枚を
重ねて使えば
おしゃれな表情に

徳利を花瓶として

重ねてよし
使い勝手抜群の食器
（廃盤なのが残念！）

積み重ねやすい
フリーカップが
お気に入り

らに棚に隙間ができてきて、そこに、今の暮らしに役立ちそうな、別のものが入ってこられるかもしれません。それは食器ではなく、電子レンジ用の調理器具だったりするわけです。

キッチングッズの収納の工夫

お玉や網杓子やすりこ木やゴムべラ、フライ返し、トングなどをどのように収納するかという問題もあります。

私はガス台の左手の壁にレールを取り付け、そこにぶら下げています。これはプロの厨房でもよく見られる光景ですし、そういうところでは、鍋やフライパンも壁掛けになっていたりしますが、一般家庭ではお勧めしません。

一見素敵で使いやすそうなのですが、掛けてあるものを、最低4〜5日に一度は万遍なく使って洗う環境でないと、油っぽくなったところに埃《ほこり》がついて、とっても厄介なものになってくるからです。

ですから一般的な家庭では、油ハネが回らず埃もつかない、引き出しの中に入れておくのがよいかと思います。

その際やはり整理して少なめにしておかないと、ひっかき回して探したり、絡み合って取り出しにくいと、料理が焦げたりしますから、よく考えて。菜箸など絶対に毎日使うものは、立てて出しておいてもよいかもです。

フライパンは、引き出し式のストッカーなので立てて収納しています。取り出しやすくて重宝です。

フライパンや鍋の蓋の類は、それだけをまとめて別に立てて収納しています。鍋類は平置きの積み重ねですが、こちらは数が少ないですから問題ありません。小鍋が２個、中鍋１個、大きめ１個だけですので。

さらに大きな大鍋とパスタ鍋はそんなに登場する機会がないので、前述の鍋の下にあります。

カトラリー類は、引き出しの中を、持っているものに合わせて仕切って整理しています。この仕分け方には特に工夫はありません。大きさとか用途（洋食用のもの、中華用のもの、和食用のもの）に応じて、大きく区分けしているだけです。

台所の収納法で、突っ張り棒や吸盤の付いたタオルかけなどを利用して、棚の扉の内側や、棚の中などにいろいろな仕掛けを作る方法が、雑誌やテレビで紹介されたりしています。

が、私の経験から言うと、突っ張り棒や吸盤付きのものは強度の点で不安が残ります（特段に高強度な仕掛けになっているものもありますが、そういうものは大きなサイズが多いです）。

やはりタオルかけ一つでも、しっかりねじで止めてしまわないと、しょっちゅう外れてイライラする結果になりかねません。ですから収納に関しては中途半端な細工はお勧めしません。

ガス台の左手の壁に
レールを取り付け
ぶらさげている
キッチングッズ。
キッチンツールは立てて

フライパンは立てて収納。
取り出しやすくて重宝です

フライパンや鍋の蓋の類も
まとめて立てて収納

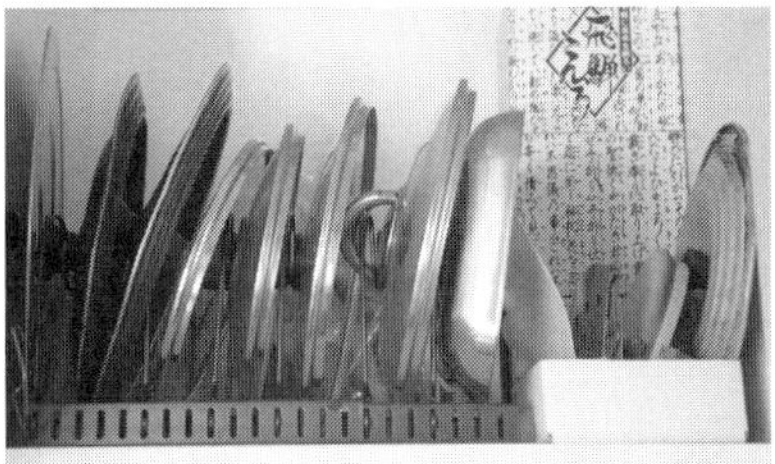

第4章

「食」の時間を豊かにする

シニアになったら、「家」で過ごす時間を豊かにする

我が家の息子も、この度めでたく結婚の運びとなりました。結婚式を間近に控えた若い二人が、夫の誕生祝を兼ねて夕食を食べに来てくれた時のことです。ちょうど中秋の名月の夜でした。ですので、お月見団子を作って飾っておきました。若い方は関心を示してくれないかも……とも思っていたのですが、とても嬉しかったことに「ワア〜ッ」と喜んでくれて、食事のあと、そして誕生日のケーキのあとに、さらにお団子を2つ3つと食べてくれました。

家の中がすっきりしてきたら、今度はその中で豊かな時間を過ごすことを考えたくなります。

私は奈良で育ちました。近鉄奈良駅から徒歩7〜8分。県庁の裏手。奈良公園のすぐ近く。朝起きたら、家の外をシカが歩いているような環境で育ちました。中学、高校は奈良公園を抜けて歩いて通学しました。

2階の窓からは若草山の山焼きが見えました。手向山八幡宮の祭礼で、巫女役の女の子を町内会から出すような地域におりました。私の姉も、内裏雛のお姫様のような恰好をして、あの木札を連ねたような扇子を広げ持って、巫女役をしていた夜のことなど鮮明に覚えています（まことに残念ながら年回りの関係で、この役は私には回ってきませんでした）。

興福寺の薪御能、二月堂のお水取りで行われる幻想的で華麗な「達陀」の行法、年越しの夜の春日大社の巨大なたき火。日常の暮らしのすぐそばに、常に幽玄の世界が広がっていて、日本の季節の行事に深く寄り添って育ちました。

同居しておりました父方の祖父は、絵師をよんでは掛け軸や画帳に絵を描かせているような人でした。3人の絵師それぞれが、家から見える若草山を1枚の紙に共作した額なども、今、私の住まいの廊下に飾られています。

季節によって、掛け軸を変え、飾り物が変わり、夏になるとふすまが一斉にすだれをはめ込んだような涼しげなものに変わりました。

京都の町屋にもみられる「ウナギの寝床」のような、間口が狭くて奥の長い家で、前庭、中庭、奥の庭とありました。夏の午後、前庭と中庭の間の座敷で、祖母、母と共にごろんと転がっておりますと、時折そよそよと風が流れて、「あ〜〜極楽のあまり風」と祖母がそのたび申しておりましたことをよく覚えております。

年の瀬になると、小さい時からお正月の飾りつけをする父を手伝いました。一夜飾りはいけないということで、12月30日に玄関には〆縄飾り、家のそのほかの戸口には輪飾りをつけました。お風呂の焚き口や台所の火の神様と、井戸の水の神様には小さな鏡餅のお供えをし、そして座敷に大きな鏡餅を飾りました。

祖父の血を受け継いだのか、掛け軸やお道具類が大好きで、季節に応じてしつらえる生活は若い頃から続けてきました。習慣になっていると言っても過言ではありません。といっても、毎月掛け軸と飾り物を変えること、あとはお雛様や、節分、端午の節句、お正月の飾りつけをするくらいが精一杯の生活でした。

ところが子どもが独立して、やはり余裕が出てきたのでしょう。料理のことばかりやっているのもどうなのかと思うようになり、何か全く別のことをする時間を持ちたいと考えるようになりました。

そして、生活をもう少し潤いのあるものにしたいと思案して、お茶花を習うことに決めました。

参加してみると、お茶花のお稽古の前に、二十四節気や七十二候といった季節の勉強や、掛物のことをお勉強する時間がありました。

はじめて節句などの歴史的な意味や、科学的な分析などをお勉強しております。

日本の文化というのは本当に素晴らしいし、日本人に生まれたのですから、都会のマンション暮らしでも、どこかに伝統と文化と季節の香りのする暮らしをしたいといつも思っています。

夫婦ふたりの食卓で大事にしたいこと

夫婦二人に限らず、結婚してから今まで、私が毎日の「家のごはん」に取り入れてきた（?）、というより頼りにしてきたのは「行事食」です。

お正月のおせち、七草粥、鏡開きのおしるこ、女正月のちょっとしたごちそう、小正月の小豆粥、節分のイワシ、恵方巻き、桃の節句のちらし寿司、ハマグリのお吸い物。端午の節句には粽《ちまき》。七夕、お盆、重陽の節句、お月見、と続いて年越しそばまで、様々な昔からの節句や行事に伴う行事食。

毎日の「家のごはん」。何を作ろうか？　今日、何食べる？　というのは、永遠のテーマです。

毎日の献立を考えるって、本当に面倒です。

そこにこの行事食を織り込むと、まず「献立を考えなくてもよい日」ができます。

これ、助かるんです。だって例えば節分は、買ってきた太巻きを食べておけばよいのですから!!

それから自然とその時期の旬のものをいただくことにもなります。

いろいろな文化や慣習に触れる機会にもなります。

食事だけではなく、しょうぶ湯やゆず湯なども、季節感あふれたひとときを味わえます。

また最近ではバレンタインやクリスマスはもちろん、ハロウィンやボージョレ・ヌーボー解禁日など様々な行事がありますよね。たくましい商魂に乗っかっているようであっても、このような行事を生活のアクセントとして取り入れるのは、ホントにお手軽で楽しくて、いいことずくめだと私は思っています。

子どもや友人たちと集うときにも楽しみが加わりますし、集う口実にもなります。

消化試合のような、マンネリな食卓にならぬよう、生活の中の季節や楽しさを、食卓に取り入れたい私です。

季節のしつらえ
いろいろ

ときにはベランダ朝食で気分を変える

子どもが巣立っていくと、朝の時間に少し余裕が生まれます。お弁当を作って、起こして、朝ごはんをちゃんと食べろよと見張っていることがなくなりました。

夫が勤めにいく普通の朝でも、最近は気持ちよい季節はベランダで朝食をいただくことが増えました。

夜も、入れ替わり立ち替わり誰かが夕食をいただくことがなくなりました。夫さえ帰ってくれれば家族そろっての夕食となるので、少し遅くても待っていて、またまたベランダでいただきます。

夫が特にお気に入りの季節は、9～10月にかけての虫の声が聞こえてくる季節です。熱気で出られなかったベランダに涼しい風が吹いて、でもまだ寒くもなく、気持ちよく過ごせます。

テレビも見られませんので、会話が弾みます。

部屋から一歩出ただけなのに
開放感と非日常感を運んでくれる外気の中で

外気というのはそれだけで特別な力を持っていて、家の中とは全然違う開放感のようなものを運んできてくれます。

暑い夏だけはどうしようもありませんが、冬でも私たちは着込んでベランダで食事したりします。犬もとても喜んで一緒に出てきます。

これこそおうちカフェだと、ちょっと悦に入っています。

外食はお気に入りのお店を見つけます

前にも書きましたが、若いころは大好きだった外食。作らなくていいし、気分転換になるし、楽しかったものです。

ですが最近は本当に億劫《おっくう》なのです。まして初めてのお店にはなかなか腰が上がりません。

椅子の座り心地が悪くてもいや、料理と料理の間がひどくあくのもいや、おいしくないのはもちろんいや。さらにその時はおいしいと思っていただいたのに、夜中や次の日にげんなり胃もたれしていたりするのも、かなり残念。サービスが悪いのもいやだし、たばこ臭いのもいや。

化粧室も気になります。化粧室の入り口の理想は、ドアがなくて仕切り壁を抜けるタイプですが、せめて出てくる時には押したら開くドアがいい。

と、こんな調子です。

ですからついつい勝手がわかっていて、おいしくて、顔なじみで、いろいろと段取りがわかっていて、わがままが言えて、自分が快適だと感じる、楽しめるとわかっているお店ばかり行くようになってきました。

と言っても職業柄いろいろとリサーチも必要ですし、料理にも、ないようでいて流行があります。ですからはじめてのお店は、まずランチに行ってみて、良さそうなら夜に行くようにしています。

アシスタントさんたちと年に一度、慰労も兼ねてごはんを食べに行きます。そのとき話題の店だったり、超有名店だったり、奮発して行きます。去年はとても有名なフランス料理店に行きました。

それはそれは凝ったお料理でしたし、理科の実験のような斬新な料理法もちりばめられ、それを駆使しているシェフの努力と資質の高さはビンビンと響いてくるお店でした。

……が！　しかし……。最初から最後まで、すべてがメイン料理といってよいような◯◯産の◯◯という食材がボリューミーに出てきて（こちらは昼も夜も同じコースのみ）、終わる頃にはいささか疲れ（お昼にもかかわらず4時間近くかかりました）、さらに3日ほど胃もたれして、お食事がおいしく感じられませんでした。

あ～、うちでのんびり食べるのがいちばんだ～と思うときです。

余談ですが、コースで料理をいただく時、出てくるものすべてが選ばれし食材で、メインとして使えるようなものばかり出てくるお店が、最近いわゆる星をとったお店などに多いと感じます。私はこういうお店はあまり好きではありません。

「これでもか」と出てくる「吟味した素材と、立派な料理」に疲れてしまうのです。

この、ある意味「おしつけがましさ」を感じさせないのに、すべてが丁寧に吟味されて作られている料理屋さんは本当に数少ないですね。

お招きするときはあえて「初めての料理」を？

これは家で人様をお招きして食事を楽しむ時でも同じような気がします。

親しい人たちと集う食卓に必要なのは、決して「吟味した素材と、立派な料理」ではないと思います。

夫は転勤が多く、引っ越して歩いていましたが、夫婦してにぎやかなことが好きで、お客様の多い暮らしでした。近所の人や私の姉の家族と、週末ごとにバーベキューを楽しみました。ワインを持って我が家に食事をなさりにくる方も多かったです。

子どものお友達もしょっちゅう来ていて、大学生になると、毎年のように年末からお正月中泊まっているような子もいました。

夫の職場の方を大勢お呼びすることもありました。

大阪の豊中に住んでいました時は、一戸建てを借りていたこともあり、ご近所の人と一大バーベキューパーティーを企画して、なんと70人近くの人が家中、庭中で楽しんでいる！　なんて無茶なことも致しました。

ですが、特にここ10年は家族も減ったし、またまた住まいも都心のマンションに変わり……と原因をあげられなくもありませんが、結局どこかしんどくて、そんな集いを開催する機会も減ってきています。

相当気合を入れないとできません。それも6〜7人が限度です。

ポトラック（持ち寄り）をお願いすることも増えました。

二人だけの日常に、親しい人が参加してくれる機会は生活のアクセントになるし、大勢で囲む食卓はやはり大変楽しいものです。

が、一方で煩わしさもあります。

どんなに親しい友人や家族であっても、普段家にいない方々とお食事をするとなると、まず掃除。普段使わないグラスや食器を使おうと思い立つと、「えっ！　なんだか埃っぽくてギトギトしてるじゃん！」と、まず洗って拭くハメになり……。

テーブルクロスでも敷いてみようとクリーニングの袋から出して広げたら、取れなかったシミが点々とついていたり……。

そして肝心の料理。何をお出しするのか決めて、お買い物に行って、作ってサーブしてなどとしていると、せっかくの楽しいテーブルを自分だけ楽しめなかったり、会話に参加できなかったりしてしまいます。

私は料理教室をしています。私のデモンストレーションを皆さんがご覧になって、後は召し上がっておしゃべりを楽しんでいただきます。アシスタントさんもいてくれるし、皆さんと一緒に席について食事をいただくのですが、それでも次の段取りを考えて、立ったり座ったりします。そしてデザートに移る前には一旦テーブルをリセットしますから、意外とテーブルを離れていますし、すぐそばにいても、頭の中は大忙しで皆さんの会話の半分くらいはわかっていません。

生徒さんのほうから見ると、ずっと一緒におしゃべりしていた感じだと思うのですが、後から「ほら、あの時の話ですよ」などと言われても、全く耳に入っていなかったりすることが多々あります。

これを、プライベートなお客様の時にすべて一人でやろうとすると、皆さんがどんなおしゃべりを楽しんでいたのかもわからず、残るのはどっとした疲労感だけ……ということにもなりかねません。

ですから、もてなす側も楽しめる工夫をしたいものです。煮込みや煮物、作っておける副菜（理想は前日から）、食卓で皆で作りながら楽しめる鍋物や焼き物など。頑張って品数を増やすと疲れます。

お客様も、自分も楽しめる食卓がいちばん。

どっと疲れて、次にお客様をしようと思うのが半年、1年先になるより気軽にしょっちゅう楽しみたいものです。

例えば、良いワインがあって、「二人だけで開けるのはもったいない」と、どなたかを呼びたくなったとします。

その時はワインが主役ですから、思い切っておいしいチーズとどこかの評判のパンとサラダと果物だけにしてしまう。

ワインが複数種類あってもグラスは1つだけにする。ワインが変わるときにはまず飲み干して、新しいワインをほんの少し注ぎます。それでグラスを濯ぐように回して一旦それを飲み干す。そして今度はしっかり注ぐ。これは、夫の友人のソムリエさんに教えていただいた飲み方です。

そして、実を言うと、私はそんな時こそ新しい料理にトライしたりします。

二人だけの日常では出てこないモチベーションが、作ってみたかった料理にチャレンジする力をくれるから。失敗したって、それがまた食卓の話題になります。ちょっと株を上げる得意料理や知っていることが自慢の買ってきたもの。話題を提供する新作料理や、味を確かめないままに買ってみた話題のもの。

そんな気軽な気持ちで、賑やかな食卓を囲みませんか？

そして、持ち寄りにしてしまうのも手です。1品ずつ持ち寄ってもらうだけで断然違います。その場合、招くほうがある程度、何を持ってきてほしいか振り分けてお願いしてしまうのも手です。重なりやすいものがあるからです。

持っていくほうは何が良いか聞いてあげるのも親切だし、作るのが面倒なら買っていけばよいのです。

持ち寄りに招かれた時、リクエストがなければ私がよく持っていくものは、美味しい「お漬物」。手作りする時もあるし、時間がなければ買っていきます。とても喜ばれるし、まず最後まで残っていません。

ちょっとお酒のはなし

そしてお好きな方はこれにお酒があること。私も若い頃からめっぽうお酒は強くて、いただく機会も多かったです。

40代くらいになると、まわりにワインや日本酒に詳しい人などが増えてきて、講釈を垂れる人が多くなってきます。

一方私たち夫婦は、ワインは最初は何が何だかわからなくて、少しは訳がわかって飲みたいものだと思うようになりました。ワイン好きの仲間と5大シャトーを揃えて飲み比べたり、夫の友人のソムリエさんにもよく家に来ていただいて、デカンタージュを見せてもらったり、前後のワインを飲み比べたり、講義を受けたりといろいろと楽しみました。

忘れられないのは、ソムリエさんが即興で、我が家にあった、ひどく上等のブランデーとそうではないブランデーをブラインドで飲み比べさせて、どちらが上等ですか？　と問うたときのことです。集まっていたグルメさんたちが、私も含めて全員間違えました！　安物って（そんな言い方すると語弊がありますが）、一見華やかなんです！　なんだか人の生きざまに共通するようでしみじみと感じちゃったりして……。

ところがです……。私は50近くになる頃から、お酒をいただくとひどい片頭痛がするようになりました。最初は昼酒に限っていたのが、夜もダメになりました。あるとき、翌日にとても大事な仕事が入っていましたのに、うっかりお昼にお酒をいただきましたら、ものすごい頭痛に見舞われてしまいました。ひどい吐き気もして痛み止めが飲めません。とうとう夜中に病院に駆け込みました。

ＣＴ検査の結果は異常なし。頭に神経ブロックの注射をして痛みを抑えていただく羽目になりました。それ以来、きっぱりとお酒は止めました。仕事に差し支えると困るので。

ただ、お酒を止めると誘ってくれる人も減りましたし、お客様をしてもいささかしらけさせてしまうのには困っています。

飲む方はみんなが飲まないとつまらないんですよねえ〜〜。そして友達と二人きりだったりすると、友人が、自分だけ飲むのは悪いからと飲まなかったりするんです。

全く気にしないと言ってもダメ。一人で飲んでもつまらないってことですよね。これには困っています。

逆に夫はどんどんお酒に詳しくなり、最近では普段の些細なおかずでも「これには何が合うかな？」とビールにはじまり、赤、白ワイン、日本酒も甘口辛口飲み比べたりして、「この酒にはこれが合うねえ〜〜」とか一人で盛り上がったりしております。

飲める方々には、やはり楽しいお酒は欠かせないものですよね。

第5章

暮らしが変わる「残さない」&「収納」のヒント

「持ち物に合わせて収納を考える」

「収納に合わせて持ち物を増減する」


我が家を訪れる方が、皆さん異口同音に仰《おっしゃ》ることがあります。

「どうしていつもこんなに物がなくて、スッキリ片づいているのですか？」

と。

「そうですかあ？」

と毎回とぼけたお返事をするのですが、真面目に答えるならそれは、

「持ち物に合わせて収納を考えているからです」

「収納に合わせて持ち物を増減するからです」

ということなのです。


子どもが独立する頃には、家がリフォームをする時期を迎えていたり、自分たちの老後の過ごし方を考える中で、住まい方を見直そうと思う方もいらっしゃるのではないでしょうか。

私はもともと大学では建築を学び、卒業後は大手ゼネコンで住宅設計をしておりました。

結婚で退社した後も、しばらくは設計事務所に勤めました。

私生活では、夫の仕事の関係もあり、なんと今現在の住まいが、結婚以来12軒目。38㎡の1LDKから出発し、最後の住まいだと思って建てた家から、またまた転勤で引っ越したり。実に様々な空間と環境で暮らしてきました。ですからその都度、自分の生活に合わせていろいろな工夫をしたり、簡単な改造をしたりして暮らしてきました。

そんな経験から、お役に立つことがあるかもしれないと思うことを少しまとめてみようと思います。

夫がもう転勤はないと思って建ててくれた家は、私が基本設計をしました。持ち物を精査し、考え抜いて見合う置き場所を確保した上に、さらに収納力に余裕を持たせた家でした。

が、結局その家に住んで9年目に、またまた夫の職場が変わることとなり、通勤しきれなくて都心のマンションに越すことになりました（私や子どものの生活にどんなに不都合でも、引っ越し貧乏になっても、必ず家族一緒に暮らすと決めています）。

そして気がついてみれば、収納力に余裕があったはずの家は、品物でぎちぎちの家になっておりました。

「置くところがあればあるだけ物は増える」

ことを実感したのです。

都心のマンションには、それだけの物を収容するスペースなどあるはずがありません。

だからと言ってトランクルームなどを借りて保管したものを、一体どれくらい使うのか？　同じ家の中でも、一旦押し入れの奥にしまったものを取り出して使うことなど滅多にないのに……。

そう思った夫と私は決意しました。徹底的に荷物を整理して今度の住まいに収まる量に絞ることを。

その一大決心をした理由の一つに、自分たちが親の家を整理した経験がありました。

親の家、親の荷物を整理した経験

夫の両親も私の両親も、比較的大きさに余裕のある一戸建てで暮らしておりまして、戦争を経験した方々の例にもれず、ありとあらゆるものが保管されておりました。

今でも忘れられないものは、夫の実家にあった複数の昔の大型トランク、茶箱いっぱいに詰まった戦時中に使っていた丼や湯呑みなどの食器、柳行李、たくさんの火鉢や長火鉢。

そして私の母を除いて、私たちが30代の時に、皆逝ってしまいました。ですから、両方の実家を片づけて処分をしたのです。

それはそれは大変なことでした。特に夫の実家は諸事情で取り壊さなくてはならず、私たちは遠方におりましたから大変でした。なんとか整理に通い、ごみの日はそう都合よくマッチしないし、一度にあまり大量に捨てるのもはばかられるので、車にごみを積んでは、帰ってから少しずつ捨てました。

こうして明らかなごみを処分した後は、必要不可欠なものや、にわかにどうすればよいか迷うものは、引っ越し屋さんにお願いして、一旦私たちの住まいに運び入れました。

残った様々な品物は、オープンハウス状態にして、親戚や友人やご近所の方々にお声をおかけして、持っていってもらいました。そして最後に残ったものは、家の取り壊し業者さんに片づけてもらいました。

中でも印象に残っているのはおびただしい数の写真です。アルバムに整理されきらずにブリキの缶などに詰め込まれた写真。黒い台紙にセピア色の写真が貼られた、先祖の方々の結婚式や日々のアルバム。

残しておきたいものもあるかもと一枚一枚見て……。

一方、私の実家は父が亡くなった後、母が私たちと同居することになり、売却することになりました。こちらで一番印象に残ったのは、先祖代々の着物が入った桐箪笥《たんす》で、全部で7竿ありました。

昔の着物は柄が違うだけではなく、大きさがすごく小さかったのを覚えています。日本人も大きくなったのだと実感しました。

着物を処分し、箪笥も貰い手を探し、それでも残ったものは2階のベランダから庭石めがけて落として解体！　板をまとめて車に積んで、ごみ処分場まで自分で運びました。こちらも遠方でしたから、すっかり整理するのに1年以上かかりました。

住まいを「減築」する？

「私たちもそろそろよい年となっている。もし何かあった時に、子どもにあんなことはさせたくない！」

50近くになったタイミングで、自分たちの荷物を徹底的に整理しようとしましたら、忘れていた親の家の片づけを思い出し、そういう強い思いが湧いてきました。

そして、もう何年も使っていないもの、見ていないものはすべて処分することにしました。

親の代の写真はすべて処分し、夫と私の子ども時代のアルバムは各自1冊にまとめ、結婚式以降の写真もすべて選別して、きちんとアルバムにまとめ番号を振りました。最後に新婚旅行のアルバムは捨てました。何十年見たこともなかったし、私たちが死んだ後に残っていても、子どもも迷惑だろうと思ったもので……。まあ、今はデータの時代になったので、こんなことは起こらないかもしれませんが……。

花瓶や置き物、食器、衣類、雑貨、私が趣味で作って飾っていた3Dアートの額など「とりあえず置いてあった」ものはすべて処分し、迷うものも思い切って選抜しました。クリスマスツリーも処分し、7段飾りのお雛様は海外に転居する親類の方に差し上げました。

早いもので、それからまた9年が経ちました。その時に処分したもので思い出したり、処分したことを後悔するものはありません。逆にこの都心の2LDKに収まるだけの荷物量になると、自分で家財を掌握できている自信があります。それはとても心地よいものです。

結果的に、住まいを減築したのと同じ効果があったのかもしれません。

増築と反対の行為が減築です。面積を狭くすることをいうのですが、以下のような効果があると言われます。

◆生活動線が短くなることで毎日の暮らしが楽になる
◆掃除や手入れなど家の管理がしやすくなり、効率のよい生活となる
◆平屋にした場合はバリアフリー化が容易になる
◆隣家との間隔をあけることで、風通しや日照を改善できる
◆隣家との間をオープンスペース化することにより、延焼リスクを低減できる
◆家のメンテナンス費用を軽減できる
◆固定資産税や都市計画税が安くなる
◆家の耐震性能が上がる場合もある。
◆家の光熱費を軽減できる
◆防犯上の死角が減る
◆住み慣れた家を離れずにすむ

しかしわざわざ減築しなくても（特に2階を削るのは、屋根を掛け変えることと同義ですから現実的ではありません）、引っ越さなくても、使う部屋を限定してしまうことで、

参考：http://www.homes.co.jp/cont/press/reform/reform_00204/

◆生活動線が短くなることで毎日の暮らしが楽になる
◆掃除や手入れなど家の管理がしやすくなり、効率のよい生活となる
◆家の光熱費を軽減できる
といったことは容易に実現できます。

「自分の手の中にある暮らしの実現」とでもいうのでしょうか？

持ち物に合わせて収納を考える

こうして、だいたいの荷物の整理が完了しましたら、次は引っ越し先の住まいにおける収納を考えました。

ＬＤＫ内には収納部分はありませんでした。ただの「箱」です。キッチン部分は結構コンパクトでごく普通のキッチンセットが装備されていました。

そこでなるべく大容量で、でも部屋の美観や広さをなるべく損なわないと思う私たちなりのラインは確保して、収納を作りつけました。

作りつけた収納。
室内がなるべく広々とした感じになるように
苦心しました。

収納に合わせて持ち物を増減する

その作りつけ収納の中に、お仏壇も組み込み、キッチンには収まりきらない私の商売道具ともいえる食器類、調理道具類、犬のもの、工具や衛生用品などの雑多なもの、さらには夫用のノート型パソコンも収納できるように工夫をして、結果、優先順位として低位に来た花瓶や置き物などは、残った隙間に入るだけで涙をのむことになり、さらに減りました。

個室の衣類の収納力が絶対的に不足しておりましたので、靴下や下着、パジャマ類は洗面所にあったタオル用の収納スペースに入れることにして、その結果タオル類は極端に減らして洗面台の引き出しに納めました。

「部屋内はなるべく広くすっきりした印象にして暮らしたい」という願いと「持ち物に優先順位をつけてあきらめることを受け入れる」ことを、どこでバランスをとって両立させるかということが肝要です。

料理研究家という仕事柄、食器はどうしても多くなります。
似たようなものをまとめるとスッキリ見えます

あちこち削ぎ落とした結果、
夫婦ふたりの生活に
タオル類はこれだけに落ち着きました

台所を自分の暮らしに合わせてカスタマイズする

次に家の中をハード面から少し見ていきたいと思います。

毎日食事を作る台所は、なるべくそこを使う人にとってストレスのない環境にしたいものです。

調理台の高さ

台所というのは一義的には作業場です。ですから調理という作業をすることが、快適な環境であってほしいものです。その意味において大切なことは、高さとか幅とか位置とかといった人間工学的な部分と、やはり道具類が多い場所ですから適材適所な収納です。

調理台が、80〜85センチの固定された高さで売られている建売住宅やマンションが多いですが、これは残念なことです。住宅を売る方には、ぜひ高さ調節ができるタイプのキッチンを装備していただきたい。

私は身長が165センチあるので調理台は90センチの高さがないとつらいです。170センチあるアシスタントさんはそれでも、洗い物をするときに足を大きく開いて立っています。逆に150センチのアシスタントさんはかかとが7～8センチの高さのある履物を自分で買ってきて、我が家の台所で履いています。

彼女にとっては、高さが90センチの調理台では何をするにも疲れるからです。

台所に立つ時間の長い私には、この調理台の高さというのは本当にシビアな問題です。ですから過去には調理台の面の大きさに合わせて、厚いスタイロフォームを用意し、その上にコルクのシートを張り、さらにそれを薄いステンレス板でくるみ、ステンレスのテープを継ぎ目に貼りまわした、自作の高さ調節用のボードを作って置いたりしていたこともあります。これはなかなかの出来栄えで、とても重宝しました（私はこういう工作が大好きで、東急ハンズに泊まり込みたいくらいです（笑））。

さらに調理台とガス台が同じ高さであると、本当は疲れます。鍋の高さがあるからです。

私が設計した家では、ガス台の高さは調理台より10センチ低い80センチにしていま

調理台の高さは重要です。
左から調理台が高すぎる、
ちょうどいい、低い…という順番。
ひじから手にかけての角度を見れば
一目瞭然。

ちょうどいい高さにあげたら、
下に一段引き出しが作れました。

した。フライパンの中をかき回したり、背の高いシチュー鍋の中をかき混ぜるのにも疲れませんでした。

今の住まいの台所も、調理台の高さは90センチに上げました（残念ながら一体成型のキッチンでしたからガス台の高さも同じです。が、ＩＨなので五徳がない分少しラクです）。で、持ち上げたら下の部分が、最初にあった空間と相まって結構な高さになったので、そこに一段引き出しを入れてもらいました。

非常に使い勝手の良い収納力アップの台所となりました。

また、広すぎる台所というのも疲れます。調理台と食器棚や冷蔵庫、バックカウンターとの位置関係、距離は大切です。例えば調理台と食器棚や冷蔵庫が平行になっている台所では、その間の距離は1メートル前後が最適で、1メートル50センチあると、微妙に歩数が嵩んで疲れるのです。

また「野菜を洗って刻んで炒める」という動作が、右方向に流れるほうが快適か、左方向に流れるほうがしっくりくるか、というような個人の感覚の問題も大事です。

水栓

それから流しの水栓の位置も気になります。水の出てくる位置が流しの奥にあるととても疲れます。あまり手前でも水ハネがかかります。

話が少しそれますが、今の住まいはベランダに水道がありません。最近はベランダにシンクと水道があるマンションもありますが、数は少ないように思います。そうすると、ベランダで植物を育てようとすると水やりが大変です。

そこで、ホースの先端をカチャッと水栓に取り付けて、ホースを伸ばして水やりできるホースリールを室内のどこかの水栓に取り付けたくなります。ところが台所の水栓金具は、最近、その中に浄水器がセットされていたり、シャワーヘッドが出てくるようになっていたりして、昔に比べて太いものが多く、これを取り付けることができません。洗面所もトイレもこれが取り付けられる細い水栓ではないのです。

そこで私は台所に先端の細い簡易な水栓を1つ立ち上げてもらいました。もちろん業者さんに頼まなくてはなりませんが、簡単な工事で費用もさほどかかりません。

これでベランダの植物の水やりもラクになったし、お風呂場では洗いたくないようなものもベランダで洗えるようになりました（やはりマンション暮らしの姪がこれをまねて、夏にビニールプールに水を張って、子どもを遊ばせられるようになったと喜んでいました）。

この一番簡単な細い水栓が台所にあって重宝したことが、もうひとつあります。それは自動水栓のキットも取り付けられるということです。台所仕事をしていると、手が汚れていて水を出すことが厄介なことがあるのですが、このキットが取り付けられるので、仕事の時、便利になりました。

左が簡易の水栓。
これでホースが
使えるようになりました

ガス台の周り

ガス台周りの引き出しの作り方なども、市販品が最初から取り付けられたキッチンでは不都合が多いものです。

私も今のマンションに入った時、ガス台の左は幅が10センチ程の一升瓶が入れられる高さの引き出し、右側は幅30センチの3段に分かれた高さのない引き出しでした。

みりんやビネガー類など少し背の高い瓶の収納は、左のものだけでは足りません。ですから右側の真ん中の段の引き出しは抜いてしまい、その下の引き出しの面材の裏に金属のプレートを取り付け、そのプレートに抜いてしまった引き出しの面材だけを元の位置の高さに止めました。

一見元と変わらないけれど、引き出してみると深い引き出し1段になっているように簡単な改造をしたのです。そこに心置きなく醤油や酢やみりんやサラダ油の瓶を並べています。

一番上の引き出しには、ハサミやしゃもじや栓抜きなどを入れて、左側の壁にお玉やゴムベラをかけています。

バックカウンターには市販の引き出し式の調理台を入れて、調理台が足りないときはそれを引き出します。これはなかなかの優れものです。

何が言いたいかと言いますと、要するに自分の作業がスムーズに流れるように考える、できる範囲で工夫することはとても大切だということです。

若い頃はどんな環境でも、ある程度は体力と慣れで使いこなしてしまっているのですが、体のあちこちに軋みが生じる年齢になると、それらの一つひとつが疲れや不都合の遠因になることもあるかもしれません。

大きくて軽いものの収納

次はマンションに来て、私がとても収納場所に困ったもののお話です。

私は仕事柄、非常に大きなざるや中華鍋、せいろも各種大きさを持っています。私のような仕事でなくても、「毎年梅干しを干す」などで、特大のざるなどを持っているとマンションでは収納が大変です。

キッチンの引き出しの工夫

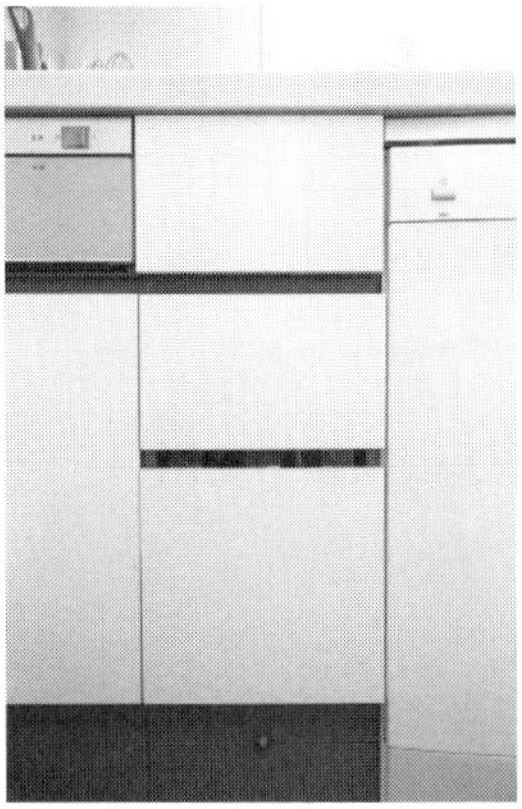

どこから見ても、
普通の３段の引き出しが

引き出してみると２段に！
２段目３段目を改造。

引き出して使える
調理台

そこで私が目を付けたのが天井裏。マンションでも一戸建てでも、天井と上階のスラブ（床）との間の空間は、いろいろなダクトや配管も通っていますが、比較的空いているところもたくさんあります。

また一戸建ての場合、小屋裏と言って天井と屋根との間に、結構な広さと高さが確保できるところがあったりします。

この空間は、軽くて大きなものがある方には狙い目の場所です。床下収納庫より湿気らず、埃がたまらず快適に使えます。

もちろん、最初から収納することを前提に作られていない場合は、強度に問題のある場合がありますし、そもそも、空間があるかどうかを見ることが、簡単にはできない部分ではあります。

我が家は幸い、最初から浴室内に設置されていた天井点検口から覗くことができましたので、大工さんに見てもらいました。

すると台所の天井が、排気ダクトのためにそもそも他の部分より一段低い構造になっていたこともあり、とても広い空間があることがわかりました。

そこで天井裏に、薄い板を天井板の桟の上に渡すように1枚入れて、面で荷重を支えるようにしてもらい、既製品の天井点検口を取り付けてもらいました。

脚立に乗ると首までくらいが上に出て、両手の届く範囲に軽いざるなどを収納しています。大工さんは80キロくらいまで平気だと言いましたが、短期の荷重と長期的な荷重では、またかかる負担が変わってきます。

天井崩落が起きると困りますので（あくまで自己責任なわけですが）、私は大きなざるとせいろと中華鍋だけ（多分10キロもないと思いますが）、置いています。

後付けでこういうことをする場合は、もちろん必ずプロ（設備の面からと構造の面から検討すること）に判断してもらい、必要な補強をすることが必須です（なお、マンションの天井裏は一般的に専有部分です）。

分譲マンションの隙間について

ちょっと話がそれますが、あなたが分譲マンションにお住まいだとします。ご自分の部屋の図面（縮尺がなるべく大きいもの）を一度よくご覧になってみてください。

そうすると「ここは何だろう？」と思うような部分があることがあります。

実際に見ると壁であるのに、図面を見ると何もない空間が壁の向こうにあるように見えるところです。そういうところは大抵は、パイプスペースと言って、上下水道管やら電気系統やガス管やら排気のダクトがまとめて通っている部分だったりします。ですから防音材や断熱材などでくるまれて、壁の中に閉じ込められているのです。

ですが、時たま、全くの空きスペースがふさがれていることがあるのです。

私のマンションのトイレでは、右手の壁側全部がカウンターになっていて、手前の手洗いボールの下は収納なのですが、その向こうのカウンター部分の下はハメ殺しになっていて扉が開きませんでした。

図面で見ると排水管系統は便器の奥であって、カウンター下には何も存在するべきものが考え付きません。思い切ってそのハメ殺しになっている化粧板を力ずくで取り外してみましたら……！　なんと収納棚だったのです。

設計する人が全部収納棚にするような図面を書いて、大工さんがその通りに作りました。棚を作り終わって便器を設置しました。そうしたらその部分の扉を開けようとすると便器にあたって全開することができませんでした。お客さんからクレームをもらうより、いっそ開かないようにしてしまえ。ということだったのでは、と推測しています。

私にとっては、扉が便器にあたって全開できなくても、物の出し入れは十分できるくらいに開けることができるのですから、そしてとっても大きな収納スペースですから使いたいのに、です。

で、私はその取り外した化粧板に蝶番を付けて開くようにして使っています。とても大きな収納スペースだったので、ここに災害時に備える簡易トイレや大量のトイレットペーパーや犬のペットシーツなどを収納することができて儲けもの！　でした。

また最近のマンション内の収納部分は、たいてい「箱」をはめ込んであるような作りになっています。例えばクローゼットを作るのに、コンクリート壁に下地の木材を入れて、壁紙を貼って、棚を付けてハンガーパイプを設置するのではなくて、できている「箱」＝洋服箪笥をはめ込んだように作ってあるのです。

一方でマンションなどの設計では、ある程度全体を区割りして、その中で個別の部屋割りを考えるので、余ってきた部分に収納の箱をはめ込んで物入れにしてしまったりします。その時に、空いている空間に合わせた箱を作ったりしないで、あるものをはめ込んでしまうことがあるのです。

そこで、収納の奥行きが60センチなのに図面で見ると空間の奥行きは100センチくらいあって、奥の部分はデッドスペースになっていたりするところがあります。図面で見ると、我が家にもそういう部分があり、それもかなり大きな空間がデッドスペースになっているところがあります。今現在はその有効化は、費用対効果の点で見送っていますが、こういうところがあると知っていると、何かの時に有効利用できるかも？　という楽しみがあります。

自分の暮らしに合うように、できるところだけでもカスタマイズすると、ストレスは大きく変わります。

ちょうど新築やリフォームの時期にあたる方は、キッチンの面材を何色にするかとか、調理台を人工大理石にするとかといったことを考えるだけでなく、こうした角度からも考えられると、より快適な空間を作ることができるように思います。

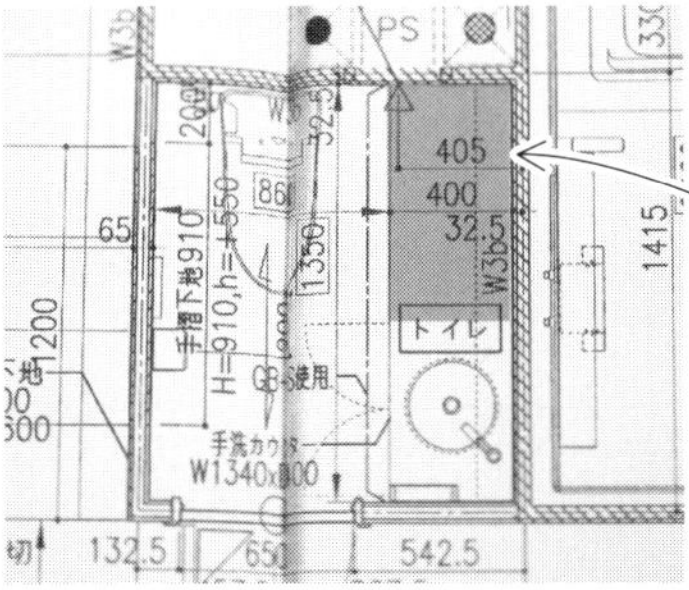

ハメ殺しにされていた
収納棚部分

ドアは全開しないものの
備蓄品を入れるには充分すぎるスペース

ダイニング、リビングの難問は書類と雑物

ダイニング、リビングといった共有空間に参りましょう。

いまやたいていのお宅はリビングダイニング形式となっていて、玄関わきに応接間があるお宅はあまり見かけなくなりました。

この共有スペースのほかに、子どもが使う部屋、夫婦の寝室、風呂・トイレ・洗面所の水回り。これがだいたい一般的ですよね。

余裕があるお宅では、納戸や座敷がさらにあります。

いつも思うのですが、部屋数に余裕があってもなくても、リビングダイニングの空間というのは何やらごちゃごちゃしてしまう傾向にありませんか？

家族が過ごしている時間がいちばん長いはずの場所ですから、雑多なものが紛れ込んでくるのは当然と言えば当然なのですが、来客時にも使うこのゾーンはすっきりさせたいものです。

このごちゃごちゃの原因は何か？　と言いますと、それは○○家を運営していくた

めに生じてくる書類や雑貨（衛生用品や予備の電球、工具など）なのです。

子どもの物は子ども部屋に入れられる。夫婦の物は夫婦の寝室に。そのほかにお父さんの書斎がある人もいるかもしれません。

でも家の運営に伴って生じてくる書類は、意外と置き場所を与えられていません。

光熱費の領収書に始まり、例えば銀行の通帳、家計簿、おうちを建てた人ならその図面、領収書、権利書、竣工時の引き渡し書類など。車を買えば保険の書類。新しい電化製品を買えばその取扱説明書や保証書、毎年来る税金の通知、生命保険の証書やお墓をもてばその書類、確定申告の書類、ふるさと納税の書類、区役所からのお知らせやら何やら、貸金庫に入れたほうがよいような重要書類から、すぐに捨てられないあちこちからのお知らせや案内。あとで見ようとちょっと置いておく、日々投げ込まれるＤＭや会報誌、買ってみた雑誌や宝くじ……。

そして、残しておいたほうがよいものは、年々たまっていきます。こうした書類はけっこう馬鹿にならない量なのです。

そして家を準備する時、食器を置くスペースやソファや食卓を置くスペース、テレビや電話の場所などは皆さん熱心に考えるのですが、前述したような家の運営に伴って生じてくる、雑多な書類の置き場所を考える人は、あまりいらっしゃらないのではないでしょうか？

結果、こうしたものが台所の中でスプーンと並んで引き出しに突っ込まれていたり、テレビ台の中に押し込まれたりします。それでも収納しきれず、あちこちに山となって出現します。

それに加えて最近は、パソコンが置かれていることも普通ですから、こうしたパソコン周りにも雑然と山ができてしまいます。そして何がどこにあるかわからなくなって、何かを捜索すると、さらに山は雑然としてしまいます。

小さい子どもが散らかすおもちゃも消え、大きな子どもたちが自分の部屋から持ち込む参考書などもなくなり、いろいろなものがリビングダイニングから消えていったはずです。それでも雑然とした空間になっているのは、これが原因の一つです。

個人の居宅であっても総務部は必要なのです。

ですが、子どもがいなくなったからと言って、子ども部屋をそっくり総務部にできるとは限りません。帰ってきた時に寝るところも必要だし、たいていかなりの荷物を置いたまま巣立つからです。

また、空き部屋があっても、総務部ってなんとなくリビングダイニングのエリアが落ち着くのです。

だからと言って、今のリビングダイニングに本棚や机を買って、コーナーを作ることにも私は賛成ではありません。とても狭くなった気がするでしょうし、その場所自体が片づかない荷物置き場になる気がするからです。

もちろん、住まいの大きさや予算など、すべてに余裕がある場合は、キッチンなどに続くところに、ハウスキーピングのための家事室を設ければよいのです。アイロンがけなどもできる主婦の書斎です。

ですが、なかなかそういうわけにはいかないことが多い。

ではどうするのか？

まず、去年までの残しておかねばならない書類は種目ごとに分け、さらに年次を追って並べ、段ボールにでも入れましょう。その時、必ずファイルに背表紙をつけ、そこにタイトルを書いてそれを上にして並べます。

さらに、段ボールの底面以外のすべての面に、何が入っているか細かく書いておきます。この段ボールはどこでもよいので、押し入れや棚の中、トランクルームに積んでおきましょう。どの面にも何が入っているか書いておくことで、どんな向きに入れても中身の検索がしやすくなります。

もし押し入れの中に衣類の収納ケースがあって空きがあれば、そういう中に同様に収納して中身を書いておきましょう。

近々のものは、それぞれ、それがあるのが最も好ましい場所に仕分けします。

例えば、新しく買った台所の調理家電や鍋の取扱説明書や保証書は、台所の棚の隅にコーナーを決めて立てて入れます。付属の調理例を集めた料理ブックなどもここがいいです。

毎月の光熱費や電話代のお知らせや領収書などは、100均に売っている書類整理の優れものグッズを活用して整理します。家計簿などをつけていれば、一緒にリビングのボードのどこかに隙間を作って収納しましょう。エアコンや照明器具などの家の家電の保証書や取扱説明書はリビングがよいかと思われます。

そして大きめの箱でもバスケットでも、入れ物を１つ用意して、とりあえずのものは何でもそこに入れておくのです。

それから、簡単な大工道具、絆創膏や消毒液や爪切りといった衛生用品、ひも、輪ゴム、ガムテープなどなどこういうものも案外場所を取ります。

ＬＤＫにはこうしたものが必ずあふれてくることを理解して、収納を構築してください。

オリジナルな収納作りも視野に入れる

次に大きな問題は衣類でしょうか？

以前テレビで、毎年春夏秋冬、そのシーズンに着る洋服を２〜３セット（上下とインナーすべて）買っては、シーズンが終わると処分して、また次のシーズンには2～3セット購入して暮らしている、という方のクローゼットが紹介されていました。

ですから、その方のクローゼットには、ホントに2～3セット分の洋服がぶら下がって揺れているだけ！　すごい！　と真似したくなりました。

ですが、やはりワンシーズンで処分するのは少々踏ん切りがつかず、さらに私はお買い物が面倒で嫌いなので、シーズンごとに買いに行くというのも大変そうで、そっくりの真似はできませんでした。でも、この考え方を念頭に置いています。

特に最近はユニクロという強い味方があるので、普段着などはこの手法を取り入れています。


一戸建てから現在の2ＬＤＫのマンションに越した時、一番厄介だったのは衣類でした。流行のウォークインクローゼットがついているのですが、私の感覚には相当狭い！

どうしたものかと散々頭を悩ませ、ありとあらゆる方法でその狭い空間を有効に活用しようとトライしましたが、やはり夫婦二人分の衣類を収納するのには無理がありました。

そこで夫にとって足りない収納と、私にとって足りない収納をよく検討すると、夫はとにかくシャツをたくさん持っているのでシャツを収納する部分が足りない。そして私はスカートをはかない代わりにパンツがたくさんあるので、それを収納する場所が足りないとわかりました。

そこでそれ以外の衣類、バッグ、帽子類を何とかクローゼットに収め、夫と私それぞれにシャツ収納とパンツ収納を作ることにしました。

部屋の形とその中に置くベッドなどの家具の配置、設置したい収納を精査検討して柱の出っ張りやドアとの取り合いなどを勘案し、最も無駄なく置ける配置を考えました。その結果、夫のシャツ収納は幅６００×奥行き４００、私のパンツ収納は幅６５０×奥行き４５０で部屋に対してすっきり収まり、さらに内部にも効率的にシャツやパンツを収納できることがわかりました。

次はこれをどうやって作るかです。

大工さんに作り付けしてもらうと高いので、ネットで探してみました。既製品はさすがに望む形がありませんでした。すると作りたい家具の図面を送れば、非常にリーズナブルなお値段で、ノックダウン方式で部材を作って送ってくれる工房を見つけました。

こういう作業は急いでできるものではありません。ありとあらゆることを考え、本当に必要なことを探ります。方針が決まってからも、ではどうやって入手すればいちばん負担が少ないかを探します。

面倒なようでも、こうした過程を踏んだ結論はベストなことがほとんどです。思いついたように隙間家具を買ったりすると、結局それがまた邪魔になったりするものです。ちなみに私が寝室の収納を完成するまでには、引っ越してから2年ほどかかっています。そしてその時間を限りなく楽しんでしまう私です。

我慢して暮らすには長すぎる？　そうかもしれません……。

布団の保管

さらに、かさばるものに「布団」があります。

冬の大布団、合ものの布団、薄い布団、真夏の肌掛け……。さらに毛布だ、湯たん

パンツ好きの私のための
「パンツ収納」

シャツの多い夫のための
「シャツ収納」

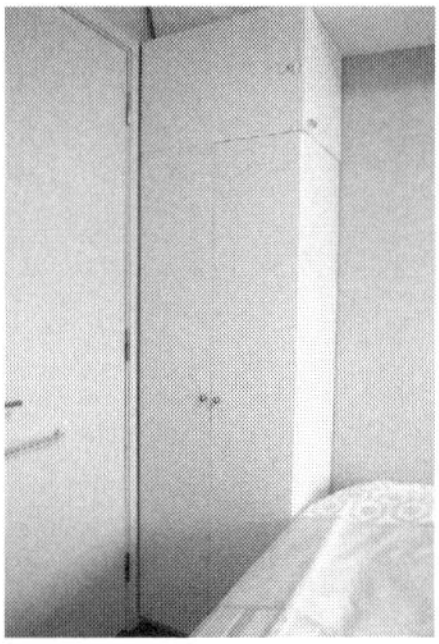

パンツ収納
扉を閉めたところ

シャツ収納
扉を閉めたところ

ぽだと必要な方もいらっしゃるでしょう。

私はこの布団の収納には手こずっていました。圧縮袋に入れる方法も流行《はや》りましたが、私はなんだか面倒なのと、どうも傷むような気がして、する気になりません。さらに、今の住まいには押し入れがなくて掛け布団を入れる場所がありません。

そこで子どものベッドのマットレス台を、収納できるタイプのものにして何とかしのいできました。私たち夫婦のマットレス台はスプリングの入っているタイプなのでベッドの下に押し込むスペースはなく、さりとて寝心地は良いので変えることも躊躇されたので……。

ところがこの度息子が結婚することになり、お嫁さんと我が家に泊まれるようにしてほしいと言われ、子どもの部屋にダブルサイズのベッドを入れることになりました(シングル×2は入りませんでした)。これに伴って掛け布団の大きさも変わります。今まで置いてあった収納力大のマットレス台を処分することになり、さらにサイズの違う掛け布団が増える!? のです。

掛け布団をどうしたものかとネットを検索しておりましたら、いいものを見つけました! 薄掛けと合い掛け布団程度の2種類の掛け布団をボタンで留めて大布団としても使えます。という布団です。これはいい！　と飛びついて買いました。あとはホントに薄い肌掛けさえあれば通年困らないだろうという感じです。使わない布団は専用ケースに入れてベッド下に入れておけばＯＫ。自分たちの布団も全部これに変えたくなった次第です。

時々は世の中の商品を研究しないとダメですね。だからって、なかなか今のお布団を処分もできませんが……。

で、私たちの布団はどこにいったのか？　と言いますと、実はマンションにトランクルームがあるのです。

昔のマンションのトランクルームと違い、今のマンションのトランクルームは、送風の空調が24時間入っていて、かび臭くなるということはありません。トランクルーム自体の高さは１８０センチに抑えられていて金網が張ってあり、部屋全体に送風がいきわたるようになっているのです。このトランクルームですが、大した大きさではなく、さらにただの空間ですので有効に使うことがけっこう難しかったのです。

そこでマットレス台として使っていたものを大工さんに解体してもらい、それを部材としてトランクルームに棚を作ってもらいました。隅から隅まで何段にも使えるようになって収納力は3倍くらいになった気がします。そこに入れました。

仕事を終えた大工さんに「おいくらになるでしょう？　請求書を送ってください」と言いましたら、「おいくらったって、何にも材料を用意してないんだから、手間賃だけにしかならないんですよね……」とちょっと恨みがましく言われてしまいました。ごめんなさい。そして本当にありがとうございました。

おまけの話ですが、この工事をするとき、マンションの管理人さんにその旨を伝えておりました。そうしましたら管理人さんに、

「僕たち管理の側では、こういうことをする方がもっといらっしゃると思っていたのに、中野さんがはじめてなんですよ」

と言われました。

少ない靴で暮らす

靴に関していえば、私は20年も前から、底に厚みと弾力がある靴しか履けなくなっ

てしまっています。犬の散歩用の運動靴と、タウン用ではあるけれどウォーキング系の靴と、ほんの少々のヒールとブーツ。なので、ホントに少しです。

しかもこれまた余談ですが、私がタウン用に愛用しているメフィストというフランスのメーカーの靴は、イニシャルコストはかかるのですが、ビタクラフトの鍋と同じで壊れません。

子どもが幼稚園の時から愛用しているものがいまだに健在。もちろん底などのメンテナンスはしていましたが、10年ほど前にとうとう靴の後ろの上部が切れて、さすがに寿命だと新しいものを求めに行きました。

ところが、

「直せます」

と言われて直されてしまい、結局いまだに健在！

ヒールは一年に数回しか履かないので、こちらもいつまでたっても壊れず。おかげで靴というものをほとんど買わない暮らしをしております。

友達に靴の大好きな人がいて、70足くらい持っているらしいですが、私の靴を見てその少なさに驚いていました。

特殊な物の収納

どちらのお宅にもあるような物だけでなく、そのお宅にしかないような物がたくさんある場合もあります。そんな場合は、持ち物に合わせて収納を作ることを考えることも必要です。

釣り好きな方の竿、ギターなどの楽器、中には家中の壁に自転車をかけていらっしゃるような光景もテレビで見たことがあるような気がします。

私の場合は祖父から譲られたたくさんの掛け軸でしょうか？

幅の広い掛け軸もあって、結構長いものです。しかも、横方向に収納すると奥に何があるのかわかりません。どうしても縦方向か、箱などに立てて収納しないと欲しいものが見つけられません。

押し入れがあれば問題ないのですが、クローゼットでは奥行きが足りません。間口の広いクローゼットがあれば丈の短い洋服の下に箱に立てて入れておき、箱が引っ張り出しやすいようにさえしておけば、それも問題ありません。

下は私のパンツ収納。
上は掛け軸収納です。
扉の向きが違うことに注目。

ところが今の我が家では、そのどちらも可能ではないので、本当に悩みました。

悩んだ挙句、前述の、寝室に作った私のパンツ収納と天井の間に、これだけは大工さんに頼んで、横から使えるような部分を作ってもらいました。

出し入れはベッドに上らなくてはいけないし、地震のときに頭の上に掛け軸が雪崩を打って落ちてきたらどうしようかと思いましたが、大工さんがしっかりとした掛け金を付けてくれ、下部の収納にもしっかりと止めてくれたので、安心して使っていますし、便利です。

キッチンと同じくここまでするのは少々大仰ですが、日曜大工が得意な方ならできる範囲でしょうか？　日々のストレスを考えると、やって後悔することでもありません。

カスタマイズすることを考える。これはやはり重要なことです。

3か月に一度は、家中のいらないもの探し探検ツアー

持ち物を整理し、収納について考え、これからの生活に向けて家の中を整え終わりました。では最後はそれを維持していくことを考えましょう。

そろそろ転勤生活から脱却か？　と一戸建ての我が家を建てた時から、私が始めたことがあります。それは3か月に一度は家中の荷物を点検して歩くということです。

それまでの生活でたまった「垢」はそれなりに落として生活を始めたつもりでした。きちんと整理して暮らしていきたいと思っておりましたので、ついつい増えてしまう「いらないもの」がたまっていないか、忙しくて乱れてしまった部分を早い段階できちんと整理し直してすっきり暮らしたい。ついでにベッドのマットレスの上下天地の回転等もしよう！

そんな動機でした。

とりあえず投げ込んであった光熱費やその他もろもろの家に関する書類の整理、とりあえず置いておこうと取り置きしてみた化粧箱やリボン。新しいものを買って増えたけれど減らしていない靴や洋服。家中を点検して歩いて、3か月前はとっておきたかったけれど、今日見たらいらないと思うものを整理しました。半年前、1年前くらいまでのスパンでいろいろなものを眺めては処分したり整理して残したり。なんとなく使いにくさを感じる部分をゆっくり見直して収納方法を変えてみたり……。

例えば、その家には玄関に靴箱がなくて、玄関の奥の扉を開けるとそこに靴を脱いで上がる納戸があって、その中に靴やコートや傘を収納していました。初めは靴箱に扉がついていましたが、ある時それを外してしまい、扉の内側についていた鏡を外して壁に取り付け、扉の内側にかけていた折り畳み傘や犬のリードは納戸の壁に一列にフックを取り付けて、そこに移しました。

せっかく大きな収納として作った内玄関付き納戸とでもいう空間に、さらに開ける扉があるのは無駄だった……と考えたからです。

まあそんなようなことを3か月に一度はやっておりました。丸1日とか2日の作業になることもありましたが、ひどくすっきりした気分になったものです。

そして3か月という期間の間には、意外といろいろなものがたまっているのです。そんな風に暮らしていたにもかかわらず、9年後には余裕のあった棚はすべて埋まっているようなことになっておりましたが……。

今の住まいに移ってもそれは続けています。

今は広さに余裕というものがありませんからシビアに片づけます。それでも恐ろしいことに教室用の食器などは増殖を続け、食器棚は「もう限界」になってきておりますが……。

余談ですが、最近の100均はすごい！　ひどくおしゃれな食器が100円です。

料理教室では、生徒さんとアシスタントさんと私とで、おそろいの食器を使いたいので、食器を買う場合は15個買うのですが、15個買っても1500円＋税。ついつい料理の目的に合わせて買ってしまうのです……。

で、こればかりはその代わりに捨てるものがなかなかないので、どんどん積み上がり、よく食器棚の棚板がこの荷重に耐えているなあと感心してしまいます。
逆にぐっとこらえているものは花瓶とか洋服ですね。お茶花を習いに行くようになって花器が欲しい気もしたりするのですが、あれだけ厳選して減らしたのだからと一切増やしていません。洋服やバッグもしかり。こちらは買えば減らします。

現在の住まいに移って早いものでもうすぐ丸7年になります。このいらない物探しツアーのおかげか、今のところ物があふれ出てくることなく、ほぼスタート時と変わらない様子で生活しています。
狭くなるなと思って様子を見ていたソファの前には今もテーブルがありません。そこでお茶をいただきながらくつろぐ時は、お盆をソファの上に置くようになりました。

そんなこんなを楽しみながらこれからも暮らしていきたいと思っています。

エピローグ　必要なものだけに囲まれて、ため込まない暮らし

我が家の冷蔵庫が、ある日驚きを誘ったことから始まったこの本の企画。進むにつれて、家中の、そして今までの暮らしをすべてつまびらかにするようなことと相成ってしまいました。

そんな中で、担当の編集者さんが仰ったことがあります。

「すっきりと暮らしていらっしゃるように見えますが、そうだからと言って、すべての物をただ捨てて、必要最低限の物しか持たずに暮らしていらっしゃるのではないのですね。持ちたいものはたくさん持ちつつ、全体としてはすっきり暮らしていらっしゃるということなのですね」

と。

その通りなんです。

決して本書の中で書いたところの、アメリカでの生活をしているわけではありません。

基本的には、いつでも、その時に住まっている空間に合わせて、

「なるべくすっきりと、広々と感じるように過ごしたい」

という思いと、その中に、

「納めなくてはならない物」

のバランスにこだわって暮らしているということなんです。

ですから若い時なら、「家が大きければ、収納スペースが大きければ」、品物は増えても構わなかったのです。

でも、「家が小さければ、収納スペースが足りなければ」、そのバランスを取ろうと、自分にとって優先順位の低いものは持つことをあきらめるし、さらに人生後半になって、体力も落ち、次の世代に引き継ぐことも視野に入るようになると、

「余分なものを残さない」

ことを意識するようになりました。

そのためにさらに、持ち物を整理するようになったというわけです。

何も入っていないように見える冷蔵庫も、別に、

「合成調味料を使ったものは食べない」

とか、

「無農薬の物しか食べない」「ロハスな暮らしをする」

といった、そういうこだわりの結果ではないのです。

さらに、

「地球のためにに食品ロスを出さないで暮らさなければ」

といった使命感にかられた結果でもありません。

ただただ、日々の小さな、自分自身にとっての、

「必要のないもの、無駄なもの」

を避けて、

「残さないこと」

を心がけてきたことと、年を取ったことからくる体の変化に合わせて、自分が、

「こっちのほうがおいしい、こうしたい」

と思ったことが積み重なった結果なのです。

昨日と今日、今日と明日では、変わらない日々が続いていくようで、年を重ねていくうち、大きく変わっていく日々の暮らし。

その時その時を大切に、心地よく過ごしていくためには、生活をハード面からもソフト面からも常に意識しつつ、品物だけではなく、家族や生活、さらには自分自身への不平不満なども含め、すべてにおいて「ため込まず、残さない暮らし」を心がけていきたいと思っています。

写真提供	著者
本文デザイン	岡崎理恵

食器協力	うつわ大福
(P68染付丸皿)	港区南青山3-8-5デルックス南青山1F
(P72)	tel 03-6447-2171　fax 03-6312-4952
料理スタイリング	HISAKO
調理アシスタント	池田弘美、北村美香、矢作尚世

著者紹介

中野佐和子　料理研究家。日本女子大学住居学科卒業。建築士として設計の仕事に携わった後、結婚。来客の多い生活の中で培った料理が評判を呼び、1991年より料理教室を主宰。現在は教室の他、マスメディアでの情報発信、食品企業の広告用レシピ開発、企業へのレシピ提供などに多忙な毎日を送っている。近著に『ふたり暮らしのシニアご飯』（学研プラス）『手間なく作るおいしい朝食レシピ』（旭屋出版）『ここを教えてほしかった！料理上手の美味しいメモ帳』（小社刊）など著書多数。本書では、自宅を訪れる人を驚かせるすっきりとした住まい方と体においしい料理の秘密を、シニア世代となった自身の暮らしと共にまとめた。
http://vege.jp-sub.net/

冷蔵庫《れいぞうこ》から始《はじ》める残《のこ》さない暮《く》らし

2016年5月1日　第1刷

著　　者　中野佐和子《なかのさわこ》
発 行 者　小澤源太郎

責任編集　株式会社 プライム涌光
電話　編集部　03(3203)2850

発 行 所　株式会社 青春出版社
東京都新宿区若松町12番1号 〒162-0056
振替番号　00190-7-98602
電話　営業部　03(3207)1916

印　刷　共同印刷　　製　本　大口製本

万一、落丁、乱丁がありました節は、お取りかえします。

ISBN978-4-413-03995-6 C0077
© Sawako Nakano 2016 Printed in Japan

本書の内容の一部あるいは全部を無断で複写(コピー)することは著作権法上認められている場合を除き、禁じられています。

たった1人の運命の人に「わたし」を選んでもらう方法
滝沢充子

逆風のときこそ高く飛べる
鈴木秀子

東大合格請負人の
子どもの学力がぐんぐん伸びる「勉強スイッチ」の入れ方
時田啓光

会社の中身がまるごと見える！
「会計力」のツボ
「バランスシート」は数字を見るな！
中村儀一

からだの中の自然とつながる
心地よい暮らし
自分がいちばん落ち着く毎日をつくる法
前田けいこ

青春出版社の四六判シリーズ

なぜ、あの上司は若手の心を開くのか
齋藤直美

頭皮ストレスをなくすと髪がどんどん増えてくる
徳富知厚

「やっていいこと・悪いこと」がわかる子の育て方
いちばん大事なのは「自分で判断する力」
田嶋英子

あなたの脳のしつけ方
中野信子

5回ひねるだけで痛みが消える！
「背中ゆるめ」ストレッチ
岩井隆彰

なぜ、いちばん好きな人とうまくいかないのか？
ベストパートナーと良い関係がずっとずっと続く処方箋
晴香葉子

終末期医療の現場で教えられた
「幸せな人生」に必要なたった1つの言葉〈メッセージ〉
大津秀一

その英語、ネイティブはカチンときます
デイビッド・セイン

アメリカ抗加齢医学会の新常識！
老化は「副腎」で止められた
心と体が生まれ変わるスーパーホルモンのつくり方
本間良子　本間龍介

1時間でわかる省エネ住宅！
夢を叶える家づくり
本当に快適に暮らす「パッシブデザイン」の秘密
高垣吾朗

青春出版社の四六判シリーズ

すべてを叶える自分になる本
魂が導く「転機」に気づいた瞬間、求めていた人生が動きだす！
原田真裕美

中学受験は算数で決まる！
西村則康

子宮を温める食べ方があった！
定真理子　桑島靖子

子どもの心と体を守る「冷えとり」養生
今津嘉宏

本当は結婚したくないのだ症候群
「いつか、いい人がいれば」の真相
北条かや

青春出版社の四六判シリーズ

玉ねぎ みかん
「皮」を食べるだけで病気にならない
1日「小さじ1杯」で驚きの効果
熊沢義雄　川上文代［協力］

お金のこと、子どもにきちんと教えられますか？
自立できる子が育つお金教育
河村京子

会社を辞めて後悔しない39の質問
保野成敏

超一流の営業マンが見えないところで続けている50の習慣
菊原智明

「いいこと」ばかりが起こりだすスピリチュアル・ゾーン
それは、すべてが自動的に起こる領域
佳川奈未

目を動かすだけで「記憶力」と「視力」が一気によくなる！
中川和宏

※以下続刊

お願い　ページわりの関係からここでは一部の既刊本しか掲載してありません。
折り込みの出版案内もご参考にご覧ください。